論語義疏校注

[清]馬時芳 著

張艷 校注

上海古籍出版社

圖書在版編目(CIP)數據

論語義疏校注 /（清）馬時芳著；張艷校注. —上
海：上海古籍出版社，2022.12
ISBN 978-7-5732-0549-0

Ⅰ.①論… Ⅱ.①馬… ②張… Ⅲ.①儒家②《論語
》—注釋 Ⅳ.①B222.22

中國版本圖書館 CIP 數據核字(2022)第 217043 號

論語義疏校注

〔清〕馬時芳 著

張 艷 校注

上海古籍出版社出版發行

（上海市閔行區號景路 159 弄 1-5 號 A 座 5F 郵政編碼 201101）

(1) 網址：www.guji.com.cn

(2) E-mail：guji1@guji.com.cn

(3) 易文網網址：www.ewen.co

浙江臨安曙光印務有限公司印刷

開本 850×1168 1/32 印張 9.125 插頁 2 字數 213,000

2022 年 12 月第 1 版 2022 年 12 月第 1 次印刷

ISBN 978-7-5732-0549-0

B·1295 定價：48.00 元

如有質量問題，請與承印公司聯繫

馬平泉和《論語義疏》(代序)

馬平泉(1762—1837),名時芳,字誠之,號平泉、見吾道人、澹翁等,清代河南禹州人,心學家、詩人、書法家。他出身邑中世家,早年不愛讀書,後來隨父親馬興淇到江西游宦。他的父親在任贛縣縣丞的時候,給他延請了王學背景的名師王宜震(省洺),他始對學問産生興趣。十九歲時,他讀李紱《陸子學譜》及《王文成公集》,很受感動,纔努力嚮學。他受孫奇逢的思想影響很深,終身服膺。嵇文甫徑稱他爲"孫夏峰學派的後勁"[①]。他的仕途相當不順利:雖然弱冠就中了副榜,之後却屢試不第,直到五十二歲纔授封丘縣教諭。任職年餘,因爲母親郭氏去世,丁憂離任。家居十數年後,六十五歲再授鞏縣教諭。七十五卒於官。

平泉一生的志業主要在弘揚心學。他的講學、著書、做人都圍繞這一點進行。他的思想很有特點,總的來説是"以本心爲提綱,躬行爲著落,明體達用爲歸宿"[②]。具體講,則大致有五端:一、崇尚躬行實踐與事功;二、揄揚權略智術;三、循順物理人情,注重日用倫常;四、齊人物,等貴賤;五、秉持樸素的人道主

---

① 嵇文甫:《孫夏峰學派的後勁——馬平泉的學術》,《嵇文甫文集》中册,河南人民出版社,1985年,第441頁。

② 馮安常:《鞏縣志·文徵三·平泉先生傳》,成文出版社,1968年,第2160頁。

義與民本思想。平泉的朋友李公馭①説他的思想"權略機應皆適道,空明澄澈不是禪"②。王琴林評:"其學不淪幽渺,不滯言詮,外切求之人情世故,而内直反之吾心自安。"③周作人贊他:"極大見識,所主張的不過庸言庸行,却注意在能實現。"④嵇文甫説:"夏峰之學,樸實平易,……他的長處在頗能崇尚實際,消除了門户拘墟之見,……而其短處則在於模棱遷就,往往混淆是非界限,而趨向庸俗化。這種學風,到平泉手裏,無論長處和短處,都有所發展而格外顯著。"⑤都是很允當的評價。平泉的爲人爲文與他的家世、師承及交游關係密切,不能不提一下。

家世方面:平泉的十世祖馬文升在明代歷仕五朝,官至兵部尚書。禹州馬氏正是從這時候起成爲地方大族的,以後歷代都有做官與讀書的。平泉的四世祖馬浚,篤信王學。三世祖馬相晋繼承家學,曾在耿介⑥(孫奇逢弟子)主掌的嵩陽書院講學,在那裏結識了孫奇逢初代弟子中的重要成員趙御

---

①　李公馭,名昌禄,字公馭,郟縣龍山人,爲馬時芳姑母與郟縣詩人李清玉(荷風)的孫子,與馬時芳及其妹馬静君關係很好。能詩,善書畫。楊淮《中州詩鈔》收其詩一首。

②　馬時芳:《挑燈詩話》卷一,存古學社石印本,1915 年。

③　王琴林:《平泉遺書叙》,存古學社石印本,1915 年。

④　周作人:《周作人文選(1937—1944)·樸麗子》,廣州出版社,1995 年,第 49 頁。

⑤　嵇文甫:《記馬平泉的學説》,《嵇文甫文集》下册,河南人民出版社,1985 年,第 703 頁。

⑥　耿介與馬相晋交好,曾經過訪禹州馬宅,并題詩兩首相贈。馬氏子孫寶藏其詩,平泉尚及見。

衆。① 後來,馬相晋的兒子馬燿與趙御衆的孫女結婚。馬燿早
卒無子,以兄焯之子季吳出繼給趙夫人。趙御衆因爲兒子廣義
也很早去世,到晚年就定居禹州由孫女奉養,親身教育外曾孫季
吳,把所學傾囊相授。趙御衆死後,他的衆多藏書都留給了季
吳。季吳又把書傳給了平泉。平泉繼承趙氏得自孫奇逢的核心
觀念:截斷衆流,回歸孔子,兼容并包,不立門户。同時,他認同
趙氏的"事心説",持極端的命定論;發展趙氏的"慎獨説",補充
修行之法;修正趙氏刊盡"嗜欲"説,從人性角度肯定嗜欲的正當
性。平泉跟夏峰學派的關係,綫索就是這樣。所以,他的思想是
由趙御衆直承孫奇逢的。另外,平泉的母親郭氏對他影響也很
大。郭氏是禹州孝廉郭辛的女兒,父親很早去世,靠母親范氏撫
養成人。她性格聰敏,喜愛讀書,見事明徹,對子女的教育很重
視。郭氏在平泉之外還有四個女兒,都親自教育使讀書。② 她
又喜歡誦讀唐人詩。平泉自述,少年時就能解吟咏,得之母教爲

---

① 趙御衆,字寬夫,號惕翁,晚號龍坡居士。明清之交河北灤州人,
世家子弟。祖養沖、伯祖養蔚、父申寵皆以儒生入仕而兼有武略。鼎革後
携家避亂河南,爲密縣錢佳選所迎,入籍超化寨。順治十七年(1660)從孫
奇逢受業於夏峰,追隨二十餘年,爲同門中與孫奇逢書信論道最多者,深
爲乃師所稱許。孫奇逢逝後,趙氏爲作《徵君先生考終録》,詳記臨終事,
并輯其師遺書爲《傳信録》二十五卷。另著有《弗揩録》《困亨録》《山曉堂
詩選》(平泉手輯)等。趙御衆繼承乃師理學思想又發展之:反對尋章摘
句、拘文牽義,一以本心爲根;持"主敬"思想;發展出"命定説",不認爲人
有意志自由,不認爲人可以通過後天努力進行改變;又持"滅欲説"。日人
高瀬武次郎氏評:"惕翁之思想在清代學術史上另放一段異彩,……不無
有奇特之感。"參高瀬武次郎著,趙蘭坪編譯:《中國哲學史》下册,國立暨
南學校出版部,1925年,第227頁。

② 其中小女兒静君,善詩,號甘荼女士,配新鄭劉氏。夫早卒,夫家
不能容。她被迫携兩子依兄長平泉生活。著有詩集《甘荼女士集》。馬時
芳《挑燈詩話》收其詩三首。楊淮《中州詩鈔》收其詩四首。

多。平泉早年很有抱負，希望重振家聲，但一生科名坎坷，止於教諭。郭氏寬慰他説："我固已知兒非功名中人矣。"①平泉一生淡泊名利，當然有母親的言傳身教在裏面起作用。

師承方面：平泉從十三歲開始受學於王宜震，前後四年。王氏很有風骨。平泉多年後猶記跟他讀書時："有達官出，儀從甚都。或以語先師省沔。達官貪橫，先師惡聞之，……作色曰：'君見其外，未見其内。君以爲擁護歸歸者大人也，若校其實而論，其心不但不得爲大人，且不得爲人矣。何足道哉！'"②平泉後來做教諭堅拒從衆送上峰節禮③、拜知府不跪而三拱手④等等，其來有自。平泉二十三歲時拜講學潁南書院的邑人王聿修⑤爲師。王氏"温温與人接，賢愚并心伏。學不爭異同，躬行但粥粥。人不甚區分，介然耿幽獨"⑥。顯然也是馬氏的思想淵源之一。平泉成年後詩學方面的老師是王耀臨⑦。王氏少年時即才華出衆，能文能詩，但是中年後就半癱瘓，非倚杖不能行動。"人或惜其才以殘廢，而耀臨祇藉以刊落萬緣，落落自足也。"⑧與平泉的知足知止相合。

---

① 馬時芳：《垂香樓文集·郭太君家傳》，存古學社石印本，1915 年。
② 馬時芳：《樸麗子》卷八，存古學社石印本，1915 年。
③ 馬時芳：《黄池隨筆·學台安臨衛輝》，存古學社石印本，1915 年。
④ 馬時芳：《樸麗子》卷十五，存古學社石印本，1915 年。
⑤ 王聿修字念祖，號孝山。先世自洪洞遷禹州。早年設館葉縣。乾隆元年（1736）中舉，三十一年（1766）大挑二等授確山教諭。任職三年擢四川珙縣知縣，以詿誤貶官主政崇慶書院。乾隆四十三年（1778）補雲南南安府州判，旋以老歸。授徒潁南書院。年八十卒於家。畢生從事教育，勤於著述，有《四書五經簡明講義》《易説》《全史提要》《景賢録》《續纂禹州志》《葉縣志》《確山縣志》《珙縣志》《嘉縣志》等行世。
⑥ 馬時芳：《垂香樓詩稿·哭王孝山先生》，存古學社石印本，1915 年。
⑦ 王耀臨，字照萬，號虚谷，又號逍遥子，禹州諸生。
⑧ 王棽林，《禹縣志》，成文出版社，1976 年，第 2049—2050 頁。

　　交游方面：平泉一生都喜歡游歷和交友，朋友衆多，其中最重要的是郭典。[①] 郭典通醫術，尤其精於正骨（他的後人就是今洛陽正骨郭氏）。據説，郭典對奇門遁甲很有研究（平泉對風水説也頗欣賞），且極重經世致用。這些都與平泉的志趣很相投合。所以兩人雖然年紀差得比較大，但感情極深。郭典對平泉也寄予厚望，勉勵他説：“孫、湯（按：指孫奇逢與湯斌）風徽未遠，努力向前，將來爲吾鄉之望。”[②]兩人頻繁通過書信論道。平泉受益良多。平泉另一個重要的朋友是張用達。[③] 兩人同是封丘縣學的教諭，都清操自守不媚上欺下，喜歡詩酒唱和，又同崇尚心學。平泉《垂香樓文集》記與同仁討論學問，十之七八對象都是張用達。

　　以上便是平泉家世、師承、交游的大致情況。

　　平泉的性格是喜歡讀書、思考、對談的。他的思想自然也是通過這些方式逐漸成形深化的。他又勤於著述，將思想形諸文

---

　　① 　郭典，字堯臣，後改堯民，洛陽平樂人。太學生，誥贈奉政大夫，世家子。族祖顯星，萬曆戊午（1618）舉人，曾任許昌學正。父世奇，乾隆二年（1737）進士。孫階平，嘉慶十年（1805）進士。堯民少時受族祖顯星濡染，致力程朱。及長，讀范彪西《理學備考》，對姚江傾倒備至，此後即寓心心學。一生未事著述，交游廣泛。平泉最重要的弟子馮安常所撰乃師傳略中，於友輩中亦僅及堯民一人。參《鞏縣志·文徵三·平泉先生傳》，成文出版社，1968年，第2160頁。

　　② 　馬時芳：《垂香樓詩稿·寄贈堯臣先生》，存古學社石印本，1915年。

　　③ 　張用達，字子兼，號晴皋，河内縣人。世代書香。“性穎敏，讀書過目即解。”善詩文，“文格超拔，詩以唐人爲宗，五言尤遒健中式。”乾隆戊申（1788）科舉人。初以設館課徒業。“郡中數十年，其卓然自立、不惑異趨者，皆其弟子。”爲學爲文主張“無經濟之學，非學；無根底之文，非文也”。極重經世致用，有膽略，大旱興水利，變亂守城池，皆有成。以功保薦縣令，力辭不受，其恬退可知。著有《丹林詩草》。參袁通、方履籛：《河内縣志·先賢傳》，成文出版社，1977年，第1414頁。

字,所以成果頗豐。他的著述以正續《樸麗子》流傳最廣、最爲知名。其他還有《求心録》《馬氏心書》《道學論》《風燭學鈔》《易引》《論語義疏》《來學纂言》《黄池隨筆》《芝田隨筆》《垂香樓文稿》《四家輯語》《挑燈詩話》《風楹待月》《評點智囊補》等,總數百卷以上。1915 年,禹縣王棽林將其中重要的部分結集爲《平泉遺書》印行。

　　《論語義疏》就是《平泉遺書》中的一種。平泉十三歲跟王宜震、二十三歲跟王聿修,兩次精讀《論語》,每有心得就記在章末。到乾隆五十八年(1793),發生了一件特别的事情。春天,孫奇逢的玄孫跋涉數百里從輝縣到禹州,把孫作《四書近指》送給了平泉。書上并有孫奇逢晚年修改批定的大量手迹。這件事對平泉的激勵很大。他參考孫著與孫奇逢知己鹿善繼的《四書説約》,繼續努力注釋《論語》,在道光四年(1824)完成了《論語義疏》。這部書無論在體例還是内容上,都與孫、鹿之作關係密切。體例方面,遵從鹿善繼的《四書説約》,把舊本每篇標題如"學而""爲政"之類删去,把每篇總爲一卷。注文先解釋本來的意思,再闡發自己的理解,引用前人觀點時都標明所從出。

　　這部書的最大特點是不株守成説。平泉批評道:"《論語》爲聖人覺世之書,然近來講家紛紛,已成理障。其下直視爲制藝題目、利禄之階梯而已,此尤不足道。"[①]他反對流俗的懸空蹈虚,站定"窮經所以致用"的根脚,認爲"自古聖賢無不重事功。事功者,所以代天工而人之相賴以生者也。然事功本於學術。有真學術,然後有真事功。欲以立事功,必先明學術。明學術,以《論語》爲本。"所以他注《論語》,"或直言其指趣,或曲暢旁通,思欲

----

① 　馬時芳:《論語義疏・自序》,存古學社石印本,1915 年。按:本段引文除最後一條外俱出此處。

一二得我夫子立言垂訓之義,以淑其身,并以告夫來者"。另外,他聲稱:"《論語》是聖人盡情悉力教人成身淑世之書。如是則是,不如是則非;如是則吉,不如是則凶。……《論語》者,萬世之鈞石也。……此書若少有錯會,便是一錯到底。君子懼焉。"似乎把《論語》當成了處世的靈丹妙藥、絕對真理。可是,他所認爲的正確會悟《論語》的方式是:"不拘舊説,不執己見。第虛吾心,以吾心想聖人之心,想記者之心,如周旋一堂面承訓誨,如是而已。"因此,他注釋中濃厚的個人意識是可以想見的。不過,按之平泉持之終身的觀念,"聖賢與人同者也。其不同者,人異之耳"①,也就容易理解了。平泉的注釋往往迭出新意,發前人未發,體現出自己獨有的思考。以下略舉幾個例子。

一、體現重躬行實踐的思想

"子使漆雕開仕"章,平泉注:"斯字緊跟仕來,斯即仕也。歷觀聖門,皆實言實事,著落在日用行習上,絕非懸空。"

"曾子曰吾日三省吾身"章,平泉注:"學在己,著落在人上;學在心,著力在事上。《大學·誠意》必先格物,以至於齊、治、平天下。曾子處處鞭擗近裏,切實檢點,不言仁,而人之充周與其求仁之精神俱見矣。"

"子曰道行千乘之國"章,平泉注:"仁必有用,非自守而已也;仁必及物,非自成而已也。"

把"學""仁"等的落脚點放在"事"與"用"上。

二、體現揄揚權略智術的思想

"子曰可與共學未可與適道"章,平泉注:"學至能立,貞固不

---

①　馬時芳:《馬氏心書》卷一,存古學社石印本,1915 年。

搖矣,然猶未及於權也。權者,隨時處中,非可豫擬。禹、稷、顏子,易地皆然,正好參領。

"人必確然有求道之志,而後可與共學。道在眼前,無物不有,無時不然,愚夫愚婦之所莫能外,聖賢豪傑之所莫能盡,故學以道爲鵠。立者,道之正而固;權者,道之變而通也。

"有志則可與共學矣。……立,守之固也。固而不繆,則可與權矣。道以正學,立以守道。權者,精其立者也。權與經相得,非相得非相對也。聖人即權即經,無所作意,道本如是也。權非聖人始能,有一時之權,有一事之權,斤斤兩兩,都無是處。然夫子所謂可與權者,則粹然聖人之徒,因心作則,惟變所適。

"宋儒謂權即是經,合如是即如是。看似極變,却極平常,豈不是權即是經? 漢儒謂反經合道之謂權,素不如是,忽如是却正當如是,豈不是反經合道之謂? 權抑有謂權變者,《易》之所謂'惟變所適'也;抑有謂權術者,孟子所謂'仁術''智術''多術'也。循正而不泥乎正,即吾夫子所謂'貞而不諒',亦權術之意。……失經,多小人之害。失權,多君子之凶。"

抬出《易》與孔子、孟子爲"權變""權術"正名,反對僵化板滯,爲求濟事,應當"循正而不泥乎正","因心作則,惟變所適"。他推崇王守仁,與他推崇司馬懿、姚廣孝,在主流儒家立場看來當然矛盾,但站在他實用主義者的角度看,就很和諧了。"經"能濟事即守"經",否則即用"權",無需有任何的心理障礙,衹要能達成事功。他認爲這纔是"貞而不諒"的真義。

三、體現循順物理人情、注重日用論常的思想

"子曰君子食無求飽"章,平泉注曰:"學必有事而後實,學必能好而後醇。君子與其所當爲之事,食未嘗求其飽,居未嘗求其安,敏以趨之,而不敢輕言也。"

把"食無求飽""居無求安"的原則限定在"當爲之事"的範圍內，暗諷某些儒者不分青紅皀白，生搬硬套，自奉菲薄、壓抑欲望到連基本的生活條件都廢止、根本違反物理人情的程度。

"哀公問弟子孰爲好學"章，平泉注："先儒謂學以至乎聖人之道。聖人自聖，人如何學而至？所謂學者，第於日用常行上俯首帖心，綿綿不已，由狹漸廣，由粗漸精，由生漸熟，而聖人之道亦不外是矣。若著意學聖人，則其心已馳，是外之也，往往秖成多事。是故學聖人者，失聖人也。"

認爲真正的學聖人不過是誠意正心，從日用常行著眼；如果刻意模仿，脫離實際，秖會導致"學聖人者，失聖人也"的結果。

四、體現齊人物、等貴賤的思想

"子曰我非生而知之者"章，平泉注："生知無如孔子，然亦不廢好古敏求，故聖益聖也。辭生知，自認學知，實實自道甘苦。若看作謙辭及望人語，豈未睹孔子生平耶？"

打破後世對孔子"生而知之"、無需學習的神話。直截了當地批評後儒"未睹孔子生平"，一味造神，違背孔子的本意。

"子禽問于子貢"章，平泉針對子貢所講的"溫、良、恭、儉、讓"評說："士大夫之病曰嚴冷，曰簡傲，曰縱恣，曰高抗，有一於此，與世隔矣。"

後世特別是明代某些儒者崇尚的孤標高舉，被平泉戳破，是一種"與世隔"的行爲，對於成事功有大害。

五、體現樸素的人道主義與民本思想

"宰我問曰仁者雖告之曰"章，平泉注曰："道之不道也，自好者往往力致於艱苦惟恐不盡，務期有以大異于人人：證父以爲直，避兄以爲廉，剖腹以爲忠，埋兒以爲孝，繫子以爲義，抱橋以爲信。逆情拂性，各極其致，而天地廣大易簡，氤氳之機或幾乎息。"

批評後世所尊崇的、傷害他人和自身利益與生命健康的某些所謂"孝""義"行爲，并不符合真正的"道"，而是違背人性的，最終會導致天地失去生機。

"哀公問於有若曰年饑"章，平泉注："哀公意在加賦，宜其聞有子之言而怫然也。一經解釋，固是眼前情理，千人共見。夫民依於君，君取於民，君民一體，由來尚矣。晋陽彈丸，尹鐸一事保障，至於沈竈産蛙，民無叛志。賢賢之言，定不迂也。有子欲復井田舊制，自是碩畫，孟子時猶可行也。然觀其潤澤二字，是何等擘劃，有多少因時制宜處。愚嘗論之，孟子真不迂濶，但所遇皆庸主，若遇齊桓，其道亦行矣。當時争務富國强兵，孟子所以告齊、梁二君者，乃真富真强。彼商鞅、吴起輩，豈真能富强者哉？"

平泉對哀公把自己的利益與民衆的利益對立起來的想法做法深感荒謬。他認爲"民依於君，君取於民"，君民本是一體，國君真能做到有子、孟子所主張的那樣重民愛民，國家纔可能達到自下而上的、真正的富强。他批評商鞅、吴起所謂的"富國强兵"，是弱民以强國。國家似乎一時横行無敵，實際上這種所謂的"富强"却是不可持續的，因爲已經傷到了一國的根基——百姓。他們的敗亡是必然的，差別祇在遲速而已。

此外，平泉還有很多獨特的思考。

"子曰富與貴是人之所欲也"章，討論了"仁"的獲得與保持："世間害仁者最多，獨欲富貴、惡貧賤一關，特地難破。古來不知緣此汩没多少英雄，豈論道不道？貪戀挣扎，鶻突到老，究竟有命管定，絲毫難强，將昂藏丈夫自家弄得七顛八倒，一場辛苦，枉作小人。君子如此不處不去，非作意與人打拗，祇爲天生此一付本來良心，抹煞不下，祇好甘些淡薄，受些淒涼，是即仁也。仁所以爲君子，若去仁，惡乎成名？然仁非今日到手便都無事，可欣可戚之境日百出以嘗我，偶一放鬆，便自滑手，不知不覺，漸漸將良心喪去。故君子時時刻刻提醒此心，嘗如臨深履薄，無終食之間違仁，雖造次顛沛，亦必於是，乃做成真正君子，十分足色。"

没有絲毫矯飾地坦承達到"仁"與維持"仁"的艱難，披肝瀝膽，剖出一顆真心給人看。"君子如此不處不去，非作意與人打拗，祇爲天生此一付本來良心，抹煞不下，祇好甘些淡薄，受些淒涼，是即仁也。"令人感動之餘，又有無限傷感。

"子路曾晳冉有公西華侍坐"章，歷來被人認爲反映了孔子的塵外之想。平泉却反其道而行，注曰："聖人以天地萬物爲一體，凡在同人，誰無此心？然非具經濟實用，亦何以與人家國事？一日，四子侍坐，不覺又觸動濟世殷懷，惓惓致詢。彼一切高尚之事、曠達之見，所不忍存，蓋其心未嘗一時忘天下也。三子皆確有所以不孤。夫子問點，獨從容鼓瑟不輟於禮末，是即其言志，亦不過流連光景，始終一狂士故態，爲清談濫觴，與夫子課實意大相刺謬，有何足與？而夫子特與之耶？竊嘗熟思之，'與'當依《説文》作'黨與'。'吾非斯人之徒與，而誰與'，又'行道德吾與'，正此義。蓋其時孔子已老，栖栖卒無所合，而二三子皆堪有爲，酬志亦復無期，反不如點之隨時有以自樂也。故曰'吾與點也'，謂與點共童冠之樂也。一段高興，却被點説得冰冷，俯仰往復，窮途思轉。'喟然嘆'，感傷而嘆，非嘉喜而嘆也。曰'與點'，實愴然有浮海意。及與曾晳歷論三子，辭氣未平，猶是喟然餘音。記者于子路特書曰'率爾'，早爲'哂'字點睛立案，見非哂其志。於點備列其鼓瑟之狀，據事直書，是非自見，蓋以示貶。又於'與點'後將夫子與曾晳一番議論詳叙，繁而不殺，并以見夫子與點別有深情，恐人錯會耳。此章夫子言外有言，記者筆外有筆。"

這是《論語義疏》中最長的注語之一，其中蘊含了平泉久滯於心且與各家迥異的觀點。他欣賞孔子與子路、冉有、公西華的積極入世心態，批評曾皙的消極避世是狂士故態，是無用的清談之濫觴。他認爲曾皙不努力作爲，反把精力集中在光景、鼓瑟等小道之上，背離了孔子教誨的本義。而孔子的所謂"與點"，表達的并不是甘心恬退的散淡，而是壯志未酬的感傷。平泉的這一理解似乎有故作驚人語的嫌疑。但是假如我們承認孔子的本意在求濟天下，却始終沒能遂願，不得不寄情於治學課徒，那麼這種解釋就是能夠理解的了。平泉以名門之後的身份，科場不順，以著書教學終身。他的這條注語，當然也有自傷身世的意味。

可以看出，平泉的《論語義疏》確實是《論語》衆多注本中相當獨特的一部。當然，這部書也有它的不足，如：平泉鄙視訓詁學，不願致力，導致某些詞句釋義不完全準確甚至錯誤；他一方面倡導處事不能僵化，一方面迷信三代以上，認爲其時諸事絕對正確；等等。但是不管怎樣，相信這部書某種程度上能夠幫助我們跳出舊有的理解模式，換一副新的眼光，重新審視《論語》。

在馬平泉所處的時代，理學的大勢是尊程朱、排陸王，學術的大勢則是重訓詁輕義理。他却"恪守前軌，不爲時風衆好所轉移。……闇然自修，孤行其志"[①]，接續夏峰學脉。他的思想平實而富於生機。相信這部《論語義疏》會給讀者帶來不同的閱讀體驗。

---

　　①　嵇文甫：《孫夏峰學派的後勁——馬平泉的學術》，《嵇文甫文集》中册，第 441 頁。

　　本書以 1915 年禹縣存古學社石印《平泉遺書》中所收的《論語義疏》爲底本。此本也是現存唯一一版馬氏《論語義疏》。馬氏注中相當内容係徵引孫奇逢之《四書近指》《晚年批定四書近指》與鹿善繼之《四書説約》。這部分内容以孫著《四書近指》康熙元年刻本、《晚年批定四書近指》同治三年刻本與鹿著道光二十四年刻本校之。馬氏所引少量其他前人注語，底本説明附在當頁之下。原書義疏部分以〇區隔文意，現據以劃分段落。原書每章，馬氏或列章名，或列《論語》原文（較簡短者）。今統一加章名，下列原文。原文依朱熹《四书章句集注》中华书局 1983 年版補。原書無章名者，據孫奇逢《四書近指》及鹿善繼《四書説約》補，以統一體例。原書有極少量無義疏者，出注説明。

　　由於注者能力有限，書中錯誤想必不少。不敢祈求讀者包涵，祇能請大家多多批評指正。

目　録

論語義疏序

　　學所以成己成物也，不講則不足以成己成物。夫差毫厘，謬千里，豈不可憂？《論語》，吾夫子講學之書，物我遠邇，無所處而不當，所謂天將以夫子爲木鐸[一]者也。蓋洙泗[二]之淵源，具於是矣。芳少從豫章省洊先生[三]，首授以《論語》，開示指趣。厥後歸，屏居山麓[四]，益拳拳於舊聞，間有會於心，即記章末。丁丑夏，守制喪廬，苫塊憂戚之中，思慮專一，忽覺此心湛然。因念《論語》爲吾夫子講學之書，乃義理之權衡，不揣固陋，輒繼前輩，逐章略疏其大義，閲三月而畢，名之曰《論語義疏》。自是反覆參訂，屢加增删，又六年於兹。適友人見之，曰："子何以疏《論語》？"曰："不拘舊説，不執己見，第虚吾心，以吾心想聖人之心，想記者之心，如周旋一堂，面承訓誨，如是而已。"

　　時道光三年癸未夏六月朔，禹州馬時芳序。

【注】

　　[一] 木鐸：以木爲舌的大鈴，銅質。古代宣布政教法令時，一邊巡行，一邊摇動木鐸發出響聲，以引起衆人注意。"以夫子爲木鐸"，意思是把孔子當作宣傳教化的人。見《論語·八佾》："天下之無道也久矣，天將以夫子爲木鐸。"

　　[二] 洙泗：洙、泗是春秋時魯國兩條河的名字。因孔子是魯國人，故以洙泗指代他。

　　[三] 豫章省洊先生：豫章，漢高祖時今江西地界屬豫章郡，後以此名

指江西。省洙先生，名王宜震，字省洙，江西贛縣人。乾隆四十年(1775)，馬時芳之父興淇任贛縣縣丞時聘王氏至署中，爲馬時芳授學，前後歷時四年。王氏宗奉心學，嫉惡如仇，淡泊名利，注重躬行，傾心課徒。馬時芳深受其影響。

　　[四]山麓：山指三峰山，位於今禹州市西南，因三座山峰連綿而得名。山上有唐代畫聖吴道子墓。乾隆五十四年(1789)前後，馬時芳在三峰山下讀書。

論語義疏叙説

　　《大學》《中庸》乃三千三百[一]之要樞也,又如輪廓,其他諸篇點綴實際,不可相離。芳聞諸師:《學》《庸》兩篇宜歸本經;《孟子》七篇語皆詳盡,其義自明,但熟讀白文即得之;六經精義,萃於《論語》,且以取衷焉。芳少承端肅[二]及崧岳[三]家傳,省洤、孝山[四]兩先生之講授,博稽於古昔聖賢與漢唐以來諸大儒之書,友教乎南北,磨練乎艱難,吃吃汲汲[五],迨今垂五十年矣。沉思默會,得乎心而應乎手,用以疏《論語》二十篇。或直言其指趣,或曲暢旁通,思欲一二得我夫子立言垂訓之義,以淑其身,并以告夫來者。且夫窮經所以致用,天生仁賢,非徒使之自成就而已也。古之聖賢所講求者,皆帝王將相之具。鹿江村[六]謂孔門個個學袖裏乾坤[七],故爲知言。後世每病處士純盜虛聲,讀《論語》而有得,定不患儒術之疏。

　　自古聖賢無不重事功。事功者,所以代天工,而人之相賴以生者也。然事功本於學術,有真學術,然後有真事功。欲以立事功,必先明學術。明學術,以《論語》爲主本。

　　要須認真《論語》是聖人盡情悉力教人成身淑世之書,如是則是,不如是則非;如是則吉,不如是則凶。如飢求飽,渴求飲,冬裘夏葛,而又必先洗滌心胸,脱膠固之見,少澹利禄之腸,斬然更新,然後可讀《論語》。

　　倚輕倚重,錯出紛然,準之以鈞石,不差銖黍矣。《論語》者,萬世之鈞石也。此書若少有錯會，便是一錯到底。君子懼焉。

《論語義疏》起癸丑，丁丑章疏之，至癸未秋稿粗具。甲申閏月之望，繕寫成帙。舊本每篇列題，如“學而”“爲政”之類，鹿江村删去不用，篇爲一卷，今遵之，凡二十卷。積日累年，用自程校，蓋恤恤乎惟恐吾夫子覺世垂訓之殷懷，讀焉而莫得其義之所存也。若天假以年，所見當復有進。

疏中所列，大略本義居前，推論居後。引用前儒說，必標明其人以別之。《四書說約》《四書近指》二書，芳素所誦懌者也，引用爲多。《說約》，定興鹿江村先生著。乾隆五十八年癸丑之春，夏峰之玄孫越數百里自輝縣來，持夏峰所著《四書近指》爲贈，余拜受之。其書刻於順治己亥，時先生七十六歲。又有手書眉列其上，字畫僅存形模，大概以意辨識，蓋九十歲後書也[八]。所引字句間亦間有删節，識者鑒之。

謹依《理學宗傳》稱薛子[九]、王子[一〇]例，凡夏峰說皆稱孫子。觀湯潛庵[一一]所作《壽序傳》及《像贊》，知非余之阿好。江村力透本原，深造自得，於聖道大有發明，亦宜稱了。疏内係稱鹿氏，留俟後人。

芳繕寫此書，時當盛暑，蠅營滿前，撲面打目，汗流盈肘，右手背燥皮層層揭起，脫落如柳絮。生世如人間大蠹坐縻衣糧，謬以爲庶幾藉此粗明學術，或者其可以少有所裨補於人世乎？則又何勞之敢憚？抑亦居嘗蠕蠕，私念落拓窮廬，群共吐棄，况當衰朽，燈燭餘光，實無任忻幸，不自意猶遽莫得在尼山左右，效此區區。

《論語》爲聖人覺世之書，然近來講家紛紛，已成理障。其下直視爲制藝題目利禄之階梯而已，此尤不足道。是疏也，大概自舒所見，與舊說多有異同。若以爲實有一念之獨覺，出於心之不容已，惟人；若以爲是妄語也，乃狂夫之無稽，亦惟人。歸命於天，無所復顧。

　　安得遇一有道先生長者，達天人，貫古今，明練乎體用，持此就正，相與討論參詳，豈非人生大快事？安得聰明強健，迥出流俗，有恢豁不羈之才，有深沉之度，勵希賢希聖之志，而思建立乎事業者，相於款款乎講論切究，亹亹乎發明乎此書，其樂又當何似？吾日祝之，吾日望之。

　　時芳再識。

【注】

　　[一]三千三百：三千威儀，三百禮儀。泛指禮儀節度。見《禮記·中庸》：「禮儀三百，威儀三千，待其人然後行。」

　　[二]端肅：馬文升，字負圖，號約齋，又號友松道人。明景泰二年(1451)進士。爲官五十餘年，景泰、天順、成化、弘治、正德五朝重臣。曾任兵部尚書、吏部尚書等職。有文武才，多次戍邊平叛。年八十餘卒，謚端肅。馬時芳十世祖。

　　[三]崧岳：馬慇，字慎卿，晚號崧岳居士。明萬曆十一年(1583)進士。先後任臨淄、壽光、寧津知縣，興利除弊，爲政惠民。後以剛直不阿得罪上官，從戶部主事任上解職還鄉。樂善好施，濟人危困。年七十卒於家。馬時芳六世祖。

　　[四]孝山：王聿修，字念祖，號孝山，禹州人。乾隆元年(1736)舉人，先後任確山縣教諭、珙縣知縣、雲南南安府州判等職。致仕後，授徒禹州穎南書院。王氏亦宗心學，重踐履，悃款不立崖岸，循順物理人情。與馬時芳祖父季吳素相交好。時芳二十三歲至二十六歲間，從之受學，深受影響。

　　[五]吃吃汲汲：形容勤奮不懈怠的樣子。

　　[六]鹿江村：鹿善繼，字伯順，號乾嶽，晚年自號江村漁隱。明北直隸定興(今河北定興)人。出身世家，幼承家學。萬曆四十一年(1613)進士，歷任戶部主事、兵部主事、太常寺少卿等職。性方正耿直，敢於任事，因觸怒當道，一度遭貶。不畏閹黨氣焰，大力援救東林黨人。崇禎時告老歸鄉。九年(1636)七月，清兵攻定興，善繼上城守禦，城破被殺。謚忠節。鹿氏家學宗奉陸王，善繼深受薰炙，於陽明學尤爲心契，與夏峰北學創始

人孫奇逢爲刎頸交。

　　［七］孔門個個學袖裏乾坤：見鹿善繼《四書説約》道光二十四年刻本下論卷十九“雖小道必章”，原文爲：“發君子所以不爲小道之意。蓋君子原是要旋轉乾坤的人，故生活祇得從大處做。孔門個個都學袖裏乾坤。《學》《庸》首章原是致遠本領。”

　　［八］蓋九十歲後書也：當是孫奇逢晚年在順治己亥（十六年，1659）本《四書近指》上所作修改批校。具體見本書代序。孫氏在此本上修改的内容於同治三年以《晚年批定四書近指》的書名刻印。

　　［九］薛子：薛瑄，字德温，號敬軒，山西河津（今屬山西運城）人。明永乐十九年（1421）进士，曾官監察御史、禮部右侍郎等職，晚年鄉居講學，卒諡文清。篤信程朱，致力心性之學，以“復性”爲把柄。他不同意朱熹的“理在氣先”，主張“理祇在氣中，决不可分先後”。

　　［一〇］王子：指王陽明。

　　［一一］湯潛庵：湯斌，字孔伯，號荆峴，晚號潛庵，河南睢州（今河南睢縣）人。清順治九年（1652）進士。歷任弘文院庶吉士、陝西潼關道員、翰林院侍講、江寧巡撫、工部尚書等職。孫奇逢弟子，本秉持夏峰糅合各家、不立門户之旨，後漸歸程朱。

論語義疏卷一

子曰學而時習之　章

子曰："學而時習之，不亦説乎？有朋自遠方來，不亦樂乎？人不知而不愠，不亦君子乎？"

人性皆善，惟學可明善以盡其性，而學尤以時習爲至。凡所論語，皆學也。時習也者，不間斷之謂。記者列諸篇首，爲全部提綱。學到醇熟，自然悦，悦則朋來而樂，人不知而不愠矣。此章吾夫子意愉神開，口角津津，舉出一位現成君子，盡情摹寫，涵泳婆娑，使人自參領。然聖語渾淪，索解不易。濂溪[一]脉脉，綽有會心。

有所説然後樂，愠則不樂，反覆勘樂之義、之致，此《論語》開章第一義。後之學聖人者，每令尋孔顏樂處，然則聖學非苦人之事矣。鹿江村云："不樂何必學？"① 然樂實難，非學安能樂？非

---

① 傳本未見此句。鹿善繼一生倡導尋孔顏樂處，以學爲樂，樂在學中。參鹿氏《尋樂大旨》："周茂叔語兩程尋仲尼顏子樂處。樂者，生人之趣。如其不樂，爲聖賢何益？仲尼顏子當日原樂，而其樂處何在？豈没主意的放曠？原有入手著脚的生活。孔子自謂時習、謂顏不惰學時便是樂時。而這個生活有端倪無文字。"見孫奇逢《理學宗傳》康熙六年刻本卷二四《尋樂大旨》。

時習又安能樂也？

　　人不知，謂學不見知。不但此也，人生一切不如意之遭，如後面貧賤顛沛、畏匡絶糧[二]之類，俱包在裏許。若人不知而慍，非時習也。説樂惕矣。心氣一浮，或怨天尤人，或輕世肆志，其極也，倜規矩而改錯。

　　或曰：“知希我貴[三]。”非貴知希，知希乃貴耳。不及知也，不求知也，亦别具識趣。陳白沙[四]受康齋[五]指，訪《易》龍潭老人，大驚服。既别，老人頓足曰：“康齋非愛我者！”是又何如耶？

【注】

　　[一]濂溪：周敦頤，字茂叔，北宋道州（今湖南道縣）人。故鄉有水名濂溪，晚年定居江西廬山時創立濂溪書堂，因此世稱濂溪先生。其學有當時儒道釋合流的特點，簡選《老子》《易傳》《中庸》以及陰陽五行説中的思想加以糅合，以“誠”爲核心，認爲“誠”是宇宙的本體，也是人的本性。著有《太極圖説》《通書》等。

　　[二]畏匡絶糧：畏匡，見《論語·子罕》：“子畏於匡。”孔子長得像魯國權臣陽虎，而陽虎曾經率人在匡地施暴。因此，孔子經過匡地時，被匡人誤認爲陽虎，遭到圍困。後用“畏匡”泛指困難險阻。絶糧，見《論語·衛靈公》：“在陳絶糧，從者病，莫能興。”指孔子周游列國至陳國時糧食斷絶事。

　　[三]知希我貴：出自《老子》第七十章：“知我者希，則我者貴。”意思是：世上理解我的人、效法我的人稀有罕見。

　　[四]陳白沙：陳獻章，字公甫，别號石齋，明廣東新會（今江門市新會區）白沙里人，故稱“白沙先生”。曾任成化時翰林院檢討，畢生以講學著書爲務。他提倡涵養心性、静養“端倪”，認爲“宇宙在我”，强調個人在天地萬物中的存在意義，是明代理學轉向心學的關鍵人物。

　　[五]康齋：吴與弼，字子傅，號康齋，明撫州（今江西撫州）人。不應科舉，以講學終身，有弟子陳獻章、胡居仁等。宗奉程朱，主張“静時涵養，動時省察”；以“存天理滅人欲”爲念；認爲人心本潔，但爲外物役使，須時時洗滌。

有子曰其爲人也孝弟　章

有子曰:"其爲人也孝弟,而好犯上者,鮮矣;不好犯上,而好作亂者,未之有也。君子務本,本立而道生。孝弟也者,其爲仁之本與!"

前章"學"字渾含,編書者不得不明示其義。蓋學之大旨在於求仁,而爲仁必本於孝弟故,遂繼以有子之言。有子見春秋時犯上者多,甚至作亂,不仁極矣。此非一朝一夕之故,皆不孝弟使然。若人能孝弟,則心氣和順,誰敢犯上?更無有作亂者矣。故君子求道,必先務本,本立而道生。仁也者,道之統會也。今觀孝弟即不犯上作亂,由此而勉之,立愛自親,立敬自長。孝弟之至,通乎神明,則孝弟豈非爲仁之本與?

學以仁爲本,而孝弟者,本之本也。然孝乃爲仁之本,而不足以該仁之量,故聖門以求仁爲宗旨。以下收斂以盡其體,推廣以盡其用,敦篤以盡其實,參互以盡其變,神而明之,日精日熟,以極其歸,皆所謂學也。

巧言令色　章

子曰:"巧言令色,鮮矣仁!"

仁非可以襲取於外也。巧言者,爲仁人之言;令色者,爲仁人之色。此作僞耳,與仁無與。

雖曰未學,人曰未學,子夏必謂之學;巧言令色,自以爲仁,夫子以爲鮮矣仁。聖賢固別具鑒衡。

曾子曰吾日三省吾身　章

曾子曰："吾日三省吾身：爲人謀而不忠乎？與朋友交而不信乎？傳不習乎？"

人、友、師皆在吾身外。三"乎"字，口口念念，自外打入微密裏。故學在己，着落在人上；學在心，著力在事上。《大學》"誠意"必先格物，以至於齊、治、平天下。曾子處處鞭擗近裏，切實檢點，不言仁，而人之充周與？其求仁之精神俱見矣。此洙泗之心法所由，與巧令者異也。

不忠、不信、不習，曾子豈復有此？於無中恐其有，悉心檢點，如臨深履薄，是無滲漏學問。

子曰道行千乘之國　章

子曰："道千乘之國，敬事而信，節用而愛人，使民以時。"

仁必有用，非自守而已也；仁必及物，非自成而已也。江村鹿氏曰："千乘在握，無一民一事不在主心寄命。我一處不盡心，國必有受其弊者矣。敬信、節愛、時使，何者不在心上攛算斟酌？豈可任己之便，而不恤國乎？此即修己以安百姓也。"①

――――――

① 見鹿善繼《四書説約》道光二十四年刻本（下同）卷一。鹿著作："千乘在握，無一民無一事不在主心上寄命。我一處不盡心，國必有受其敝者。敬信、節愛、時使，那椿事不在心上攛算斟酌？怎肯任己之便，而不恤國事？此即修己以安百姓。"

子曰弟子入則孝　章

子曰："弟子入則孝,出則悌,謹而信,泛愛衆,而親仁。行有餘力,則以學文。"

六者皆實行,又須學文以資考徵、助鞭策。

子夏曰賢賢易色　章

子夏曰:"賢賢易色,事父母能竭其力,事君能致其身,與朋友交言而有信。雖曰未學,吾必謂之學矣。"

克己致誠,倫理無歉,此真學也。

今學者大率呫嗶雕繪[一],以急利禄,或游蕩爲措大耳。間有英異拔俗者,又被近世一種載籍議論湮塞前路,輾轉轇轕,倀倀白頭。觀夫子入孝出弟云云,及子夏此章之言,皆敦尚實,確然示人。厥後,子輿氏又發良知良能,益爲親切。學者於此有省,可以不迷於所向矣。

【注】

[一] 呫嗶雕繪:呫嗶,讀書聲。雕繪,刻意修飾文辭。

子曰君子不重則不威　章

子曰:"君子不重則不威,學則不固。主忠信。無友不如己者。過則勿憚改。"

外内人己交修，可以寡過。若有過，則當速改。不然，則過成而不可悔矣。

慎終追遠　章

曾子曰：「慎終追遠，民德歸厚矣。」

豺獺猶知報本，而況人乎？未有不厚其親者，性之仁也。自世風澆薄，而人性日離，蓋亦在上者無以導之使然。若能慎終追遠，致厚於上，民各有心，有不復歸於厚者乎？

子禽問於子貢曰　章

子禽問於子貢曰：「夫子至於是邦也，必聞其政，求之與？抑與之與？」子貢曰：「夫子溫、良、恭、儉、讓以得之。夫子之求之也，其諸異乎人之求之與？」

仁充於內，則德輝溢於外，物觀而化，有不知其然而然者。士大夫之病，曰嚴冷，曰繁曲，曰簡傲，曰縱恣，曰高抗，有一於此，與世隔矣。端木氏真善言德行哉！

子曰父在觀其志　章

子曰：「父在，觀其志；父没，觀其行；三年無改於父之道，可謂孝矣。」

人莫患乎與親爭名誼。父在，子不得自專，但觀其志，無可言者。至於父没，子可以有爲矣，然於父所行之道有未安者，遲之又久，不忍輒爲變更，猶如親在時，既不彰親之短，亦不急己之名，此孝子之用心也。然此必有爲之言。先儒謂：“所謂‘無改’，亦謂當改而可以不改者耳。”斯言得之。

宋哲宗始親政，諸臣倡爲紹述之説，罪司馬公[一]變更先朝法爲畔道逆理。明徐相國[二]所草世宗遺詔出，朝野歡呼，高新鄭[三]力排之；及繼華亭爲相，反其所爲，遺詔所列，一切報罷，且言：“《明倫大典》頒示已久，今褒顯議禮諸臣，陛下歲時入廟，何以對越二聖？”是皆原於三年無改之意。妄言誤國，孔子之罪人也。

【注】

[一]司馬公：司馬光，字君實，號迂叟，亦稱涑水先生，北宋陝州夏縣涑水鄉（今山西夏縣）人。歷仕仁宗、英宗、神宗、哲宗四朝，官至尚書左僕射。神宗熙寧（1068—1077）間，王安石主持變法，遭到司馬光等人強烈反對。哲宗元祐（1086—1094）間，司馬光等舊黨當政，盡廢新法。紹聖（1094—1098）間，哲宗表示要紹述神宗之志，恢復了王安石所定新法，起用支持變法的新黨，貶黜舊黨，追奪司馬光的贈官和謚號，毀掉自己爲司馬光題寫的碑額。

[二]徐相國：徐階，字子升，號少湖，一號存齋，明松江府華亭縣（今屬上海）人，嘉靖時任內閣首輔。下文“華亭”即指徐階。徐階在嘉靖帝病重時，秘密主持擬定遺詔，一俟嘉靖帝死去，立即頒布。遺詔否定嘉靖朝的惡政，平反冤假錯案，發表新的政綱，近於將嘉靖朝的政策全面翻轉。

[三]高新鄭：高拱，字肅卿，號中玄，明開封府新鄭（今河南新鄭）人。曾任潛邸時期的隆慶帝的老師，師生感情深厚。他是嘉靖、隆慶兩朝重臣，處事果決，有鋒芒而偏於躁進，與徐階早有矛盾。嘉靖將死，徐擬定遺詔，未邀高拱。高深爲不滿，在隆慶五年（1571）任內閣首輔後，盡廢嘉靖遺詔所涉各事。

有子曰禮之用和爲貴　章

有子曰：“禮之用，和爲貴。先王之道斯爲美，小大由之。有所不行，知和而和，不以禮節之，亦不可行也。”

先王緣情制禮，禮主敬，而其用以和爲貴，小事大事皆由之而行。然亦有所不行者，一於和[一]而不以禮節之也。然和不在禮外。陸子[二]嘗病有子之言支離[三]，信乎！然和以用禮，是義也，實百代秩宗[四]。

【注】

[一]一於和：一統於和。

[二]陸子：陸九淵，字子静，號存齋，南宋撫州金溪（今屬江西）人。曾任國子正，後出知荆門軍。因於江西貴溪象山講學，故世稱象山先生。“心”學創始人。他以“心”爲宇宙萬物的本源，提出“心即理”，認爲“心”“理”合一；祇要“發明本心”，即可達到“知”；提出“易簡”的道德修養方法，“先立其大者”，“發明本心”。陸九淵不喜著述，其子陸持之編有《象山先生全集》三十六卷。

[三]支離：破碎繁瑣。陸九淵批評有子語言支離。見《象山先生全集》四部叢刊影嘉靖本卷三十六《年譜》“紹興二十一年”條：“復齋因讀《論語》，命先生近前，問云：‘看有子一章如何？’先生曰：‘此有子之言非夫子之言。’復齋曰：‘孔門除曾子便到有子。未可輕議。’先生曰：‘夫子之言簡易，有子之言支離。’”

[四]秩宗：原指古代掌管宗廟祭祀的官員。這裏指秩序的根本。

有子曰信近於義　章

有子曰：“信近於義，言可復也；恭近於禮，遠耻辱也；因不失其親，亦可宗也。"

　　此爲自好者勉之以學也。能愼於前，則無後悔。然則信也、恭也、因也，可少乎哉？

子曰君子食無求飽　章

　　子曰："君子食無求飽，居無求安，敏於事而愼於言，就有道而正焉，可謂好學也已。"

　　學必有事而後實，學必能好而後醇。君子於其所當爲之事，食未嘗求其飽，居未嘗求其安，敏以趨之，而不敢輕言也。又懼事之或有未善，而就正於有道，斯其致力專而取益廣，可謂好學矣。自天子至於庶人，各有事焉。事有鉅細而理同，理有精粗而學同。人各致力於其事，以期歸於至善，此聖人之教也。孔子所稱好學二，此與不遷怒、不貳過而已。聖人之所謂學也如此，聖人之所謂好學也如此。

　　人各有事，行之而是則得矣，得則福生；行之而非則失矣，失則禍至。就正者，就正其事之是非也。聖人諄諄教人，只是喚醒是非兩途，失是即非，間不容髮。或寬解於所持之正，或推托於心之無他，皆亂道也。

子貢曰貧而無諂　章

　　子貢曰："貧而無諂，富而無驕，何如？"子曰："可也。未若貧而樂，富而好禮者也。"子貢曰："《詩》云：'如切如磋，如琢如磨。'其斯之謂與？"子曰："賜也，始可與言《詩》已矣！告諸往而知來者。"

道無窮者也,而學與之俱。知此,則已至者不必言,未至者勿自域[一]也。貧富特一端耳,《詩》亦作如是觀。

【注】

　　[一]自域:自我設限。

不患人之　章

子曰:"不患人之不己知,患不知人也。"

　　人品有邪正,心有公私,德有大小,才有偏全,皆不可不知,不知則無以遠害而集益。

　　不知人,如胡康侯彈李忠定[一],游定夫稱檜王佐才於朝[二]。二人皆志學者,爲千古遺恨。知人有道乎?曰:有。子不云乎"視其所以,觀其所由,察其所安"。大抵略形模而審性情,徐參於精神意量之微,庶幾近之矣。且人之優劣,其品類有四:曰德行,曰才藝,曰邪曲,曰偏陂。欲知人者,在先自致其所優而去其劣。

　　人不知而不慍,固也,而猶有未盡者:不患人之不己知,患不知人也。《論語》第一卷自首章以下,皆發明"學"字,本末體用俱備,更勉之以好,推之於無窮,時習之義著矣,而於人之知不知未嘗一及。至末進此一義,繳完首章,亦學之急務也。以後皆可由此卷而推之。

【注】

　　[一]胡康侯彈李忠定:胡安國,字康侯,號青山,亦稱武夷先生,兩宋之交建寧崇安(今福建武夷山)人,卒謚文定。李忠定,李綱,字伯紀,號梁

溪先生,兩宋之交常州無錫(今江蘇無錫)人,抗金名臣,卒謚忠定。胡安國彈李綱事未見。《宋史·列傳·儒林》載,李綱遭罷後,胡安國出言支持李。胡安國曾贊揚秦檜的賢能過於抗金名將張浚。秦檜也力薦胡安國任清要職。

　　[二]游定夫稱檜王佐才於朝:游酢,字定夫,北宋建州建陽(今屬福建南坪)人,二程弟子。胡安國曾向之詢問當時人才,游酢舉薦秦檜,并譬之爲三國魏名臣荀彧。

論語義疏卷二

子曰爲政以德　章

子曰："爲政以德，譬如北辰，居其所而衆星共之。"

爲政以德，主持於宥密無言之地，凡條教號令，皆一意之運量。聖人作而萬睹[①]，立來行和，風景可想。

詩三百一　章

子曰："《詩》三百，一言以蔽之，曰'思無邪'。"

千聖萬靈，同此一心。六經皆心之撰，以心治心，期於不失其正而已。"思無邪"，一言以蔽，豈獨《詩》三百爲然？

子曰道之以政齊之以刑　章

子曰："道之以政，齊之以刑，民免而無耻；道之以德，齊之以

---

① 聖人作而萬睹：疑當作"聖人作而萬物睹"，語出《周易·乾卦》。

禮，有耻且格。”

政刑豈能外德禮？德禮亦不廢政刑。主本異，而民之醇醨判矣。感應之間，幾不容髮。至於專事刑政爲治，霸者羞之。聖人語不及此。

子曰吾十有五而志於學　章

子曰：“吾十有五而志於學，三十而立，四十而不惑，五十而知天命，六十而耳順，七十而從心所欲，不逾矩。”

自古生知無逾孔子。曰十五志學，且歷十年一進，何也？將所謂以生知之聖，爲學知之功與！

十五志學，至四十而不惑。觀此，學者患無志，不患不知。曰：“苟志於仁矣，無惡也。”又曰：“有能一日用其力於仁矣乎？我未見力不足者。”觀此，學者患無志，不患無力。

孟子所謂知性知天，即知天命也；所謂夭壽不貳[一]，即立也。先後節次，判若列眉。

夏峰孫子曰：“此時習實錄。生熟安勉[二]之分，各有其候。謂無漸次者，非；謂爲謙己誨人者，更非。”①高景逸[三]謂：“五十前用逆知命則順矣。”此語自柳子厚發之，然從來止言制心、操心、盡心，無敢言逆，逆即善反之謂。張仲誠[四]所謂逆處得力，正在此一說。從心不逾矩，是聖人垂老不忘競業，意亦佳。

---

①　見孫奇逢《四書近指》康熙元年刻本（下同）卷四。孫著作：“此是學而時習實錄。即生知亦不廢學。生熟安勉之介，各有其候。謂無漸次者，非；謂爲謙己誨人者，更非。”

【注】

[一]夭壽不貳：短命長壽没有不同。見《孟子·盡心上》："孟子曰：'盡其心者，知其性也。知其性，則知天也。存其心，養其性，所以事天也。夭壽不貳，修身以俟之，所以立命也。'"

[二]安勉：安逸不努力與勉力勤奮。

[三]高景逸：高攀龍，字存之，又字雲從，世稱景逸先生，明末南直隸無錫(今江蘇無錫)人。曾講學東林書院，官至都察院左都御史。因與魏忠賢閹黨鬥争，被誣貪污，投水自殺。他學宗程朱，兼及張載與陸王，以"太極""理"爲萬物本原，主張人性即天理、人性本善，認爲人性被氣稟、習氣、私欲所蒙蔽，因此需要經由格物來"復性"，提倡"有用之學"。著有《高子遺書》《周易易簡説》《春秋孔義》《正蒙釋》《二程節録》《水居詩稿》《毛詩集注》等。

[四]張仲誠：張沐，初名西孫，字冲西，後改沐，字仲誠，號起庵，清初汝寧府上蔡縣(今河南上蔡)人。曾知内黄、資陽兩縣。後辭官歸家，以著書、講學、刻書(自設敦臨堂刻書處)爲業。孫奇逢友人。二子烱、端爲孫氏弟子。與孫奇逢、睢縣湯斌(潛庵)、登封耿介(逸庵)、柘城竇克勤(静庵)、儀封張伯行(敬庵)、中牟冉覲祖(蟬庵)、襄城李來章(禮山)等并稱"中州八先生"。其學初宗王陽明，以"一念常在"四字爲主，後亦取程朱之説，總體上"衍陽明之緒，而以孟子求放心爲入手功夫，兼重居敬窮理，謂釋氏以存心爲了局，吾儒以存心爲起手。辨析甚明，體驗切實，與夏峰宗旨大同，途轍互有出入"。發明立志、存養、窮理、力行、盡性、至命六者爲學者致力次第。他的理學思想對孫奇逢既有繼承，又有發展。開創起庵學派，弟子衆多。編著有《道一録》《孝經疏略》《爲學次第》《詩經疏略》《書經疏略》《周易疏略》《四書疏略》《上蔡縣志》《春秋疏略》《開封府志》《河南通志》《溯流史學鈔》《學道六書》《圖書秘典一隅解》《禮記疏略》《前川樓文集》《前川樓詩集》《通俗女兒經》《六諭敷言通俗》等。

孟懿子問孝子曰無違　章

孟懿子問孝。子曰："無違。"樊遲御，子告之曰："孟孫問孝於我，我對曰'無違'。"樊遲曰："何謂也?"子曰："生，事之以禮；

死，葬之以禮，祭之以禮。”

節度之謂禮。人子能以禮事親，則孝矣。

孟武伯問孝　章

孟武伯問孝。子曰：“父母惟其疾之憂。”

人子能以親之心爲心，則孝矣。

子游問孝　章

子游問孝。子曰：“今之孝者，是謂能養。至於犬馬，皆能有養；不敬，何以別乎？”養，去聲，音樣。以下奉上之辭。舊注：犬守禦，馬負乘，亦能養人。

能養非孝，孝在敬。犬馬亦能養人，但不敬耳。人子養親若不敬，與犬馬何異？甚言不敬之罪，以深警之。芳幼讀此章，疑以犬馬擬父母不倫，以問省洊先師，告以如此。後見張惕庵[一]書引舊注云云，益信。唐馬周[二]疏云：“臣不幸早失父母，犬馬之養，已無所施。”亦屬人子身上。又《坊記》：“子云：‘小人皆能養其親，君子不敬何以辨？’”與此義正同，而辭少寬。

【注】

　　[一]張惕庵：張甄陶，字希周，清福建福清人。乾隆時曾任廣東香山、新會、高要、揭陽等縣知縣。方苞弟子。後講學雲南五華書院、貴州貴山書院、福建鰲峰書院，有弟子尹壯圖、錢灃等。遍注六經，又有《四書翼注論文》《松翠堂文集》等。

　　[二]馬周：字賓王，唐清河郡茌平縣（今屬山東聊城）人。唐太宗時

宰相，貞觀六年上疏云：“微臣每讀經史，見前賢忠孝之事。臣雖小人，竊希大道，而未嘗不廢卷長思，想履其迹。臣以不幸，早失父母，犬馬之養己無所施，顧來事可爲者，惟忠義而已。是以徒步二千里，而自歸於陛下。”

子夏問孝子曰色難　章

子夏問孝。子曰：“色難。有事弟子服其勞，有酒食先生饌，曾是以爲孝乎？”

孝以深愛爲本。以上四章皆論孝，而言各不同者，因人爲教也。學無泛學，教無泛教，抑人子之於親也，敬不及愛。愛不可勉者也，敬可勉者也。非敬，非人也；非愛，非孝也。四子皆問孝，與子夏言獨深，四子之品詣從可見矣。

子曰吾與回言終日　章

子曰：“吾與回言終日，不違如愚。退而省其私，亦足以發。回也不愚。”

君子盛德，容貌如愚。非甚盛德，烏能如愚乎？自古之愚人，皆露才逞智者也，退省亦足，如愚不愚，特參差其辭以深嘉之耳。孔子於回，猶有未悉乎哉！

子曰視其所以　章

子曰：“視其所以，觀其所由，察其所安。人焉廋哉？人焉庾哉？"

以，所爲也。爲善乎？爲惡乎？由，所爲之由也。爲公乎？爲私乎？無所矯强獨喻之爲安，最所難知，故用察焉。《春秋》窺見至隱，惟聖人爲善察。孟子之知言亦是也。

温故而知　章

子曰："温故而知新，可以爲師矣。"

此明師道，爲泥迹不通者言也。

君子不器　章

子曰："君子不器。"

器各有用，用止於器而已。夫可小受，不可大受，通於此而窒於彼者，必非成才。君子聰明在躬，志氣如神，凡天下之事，皆曠然有以悉其所以然之故。器也而不囿於器，不如是，烏能酬酢萬變乎？此與上章一義相引。故也者，器；不器也者，知新者也。

子先行其言　章

子貢問君子。子曰："先行其言而後從之。"

特與子貢一逆輓法，較惛惛之君子顧言顧行，追緊一步。

君子周而　章

子曰："君子周而不比，小人比而不周。"

此以公私辨君子小人，亦知人之道也。此小人非甚庸下，一念之偏私，遂爲小人之歸。若昵黨阿比之小人，人所共見，不待夫子分晰。

學而不思　章

子曰："學而不思則罔，思而不學則殆。"

心之官則思，思者，作聖之功。夫子言學屢矣，此章特提"思"字，教人慎思也，學帶言。

攻乎異端　章

子曰："攻乎異端，斯害也已！"

道不外乎倫常日用，與愚夫愚婦同者爲同德，與愚夫愚婦異者爲異端。

道者，路也。智愚貴賤，各由其所當由之路，雖人人殊，統而言之，道也。知之爲知道，循之爲行道，行而無所失爲得道。學也者，不知而求知，知之而求行，行焉而求得，在乎勿岐勿畫[一]而已。世儒所謂道，似曠然別有一物事，彌天際地，巋巋乎在隱見遠近間，斯孔子所謂異端。此與上章當是一時語。不思不學，不過罔與殆，若攻乎異端，斯害也已。聖人爲萬世慮至深也。

【注】

　　〔一〕勿歧勿畫：勿歧（同歧），不要走入歧途；勿畫，不要自我設限。見《論語·雍也》：冉求曰："非不說子之道，力不足也。"子曰："力不足者，中道而廢，今女畫。"

子曰由誨汝知之乎　章

　　子曰："由！誨女知之乎！知之爲知之，不知爲不知，是知也。"

　　堯舜之智而不遍物，人安能盡知？惟知之爲知之，不知爲不知，則所知者既真，而所不知又無影響冒認之弊，是乃所以爲知也。子路不患不行而患不知，故特呼而誨之以此。或曰："自知之謂明。"

子張學干禄　章

　　子張學干禄。子曰："多聞闕疑，慎言其餘，則寡尤；多見闕殆，慎行其餘，則寡悔。言寡尤，行寡悔，禄在其中矣。"

　　禄豈可干？孟子所謂"求在外者也"[一]。張也堂堂，斷不至如末世規附鑽營之陋，但其心已馳，與學不至穀者有異。寡尤悔，非以干禄而禄在其中。

【注】

　　〔一〕求在外者也：見《孟子·盡心上》："求則得之，舍則失之，是求有益於得也，求在我者也。求之有道，得之有命，是求無益於得也，求在外者也。"意謂：求就會得到，捨棄便會失去，這種求有益於得到，（因爲）所求的東西在於自身。求有一定的方法，能否得到取決於天命，這種求無益於得到，（因爲）所求的東西在於身外。

哀公問曰何爲則民服　章

哀公問曰：“何爲則民服？”孔子對曰：“舉直錯諸枉，則民服；舉枉錯諸直，則民不服。”

是非之心，人皆有之。順其心則服，逆之則不服，自然之理。

季康子問使民敬忠以勸　章

季康子問：“使民敬、忠以勸，如之何？”子曰：“臨之以莊則敬，孝慈則忠，舉善而教不能則勸。”

我敬而後人敬，我忠而後人忠，我好善而後人勸於善。

或謂孔子曰子奚不爲政　章

或謂孔子曰：“子奚不爲政？”子曰：“《書》云：‘孝乎惟孝，友于兄弟，施于有政。’是亦爲政，奚其爲爲政？”

納政於孝友中，出處一致，理故如此。

子曰人而無信　章

子曰：“人而無信，不知其可也。大車無輗，小車無軏，其何

以行之哉?"

疑事無成。自古未聞人皆疑己而能行者也。

車取渾堅,能任重致遠,今之車猶古之車也,然軶軏必不可無,今古同之。抑聞前儒考小戎車制[一]不得,至越數千里求之。此亦宋人刻楮葉[二]之義。若難而無濟於用,戎車雖存,猶當棄置,何須苦求耶?

【注】

[一]先儒考小戎車制:小戎,兵車。出《詩經‧秦風‧小戎》"小戎俴收,五楘梁輈。"鄭玄、孔穎達等都曾考證"小戎"的制度。

[二]宋人刻楮葉:宋人耗費多年時間以象牙刻成楮葉,纖毫畢現,幾乎可以亂真。人們把它混雜在真正的楮葉中,都無法分辨真假。出自《韓非子‧喻老》。

子張問十世可知也　章

子張問:"十世可知也?"子曰:"殷因於夏禮,所損益,可知也;周因於殷禮,所損益,可知也。其或繼周者,雖百世,可知也。"

天不變,道亦不變。三綱五常,禮之大經,無可損益。所損益者,皆時勢之自然,可推而知者也。抑嘗論之忠質異尚[一],亦云救也。惟儒亦然。近世儒者失之愚,救愚莫如智。陽明其上智乎!其次吾取念庵[二]也。

【注】

[一]忠質異尚:忠質,漢代董仲舒以忠、質、文爲夏商周三代迭代損益用以救世的方法。歐陽修、程頤、蘇轍、朱熹等對此均有討論。參董仲

舒《春秋繁露・三代改制質文》。異尚，崇尚不同。

　　［二］念庵：羅洪先，字達夫，號念庵，明江西吉安府吉水（今江西吉水）人。崇拜王陽明而未能親炙。與陽明弟子聶豹、王畿、鄒守益、錢德洪、何廷仁等來往密切，相與論道。後受邀參編《王陽明年譜》。他的思想是王陽明與陳獻章的綜合，“始致力於踐履，中歸攝於寂體，晚徹悟於仁體”。又精於地圖學。著有《念庵集》《廣輿圖》等。

子曰非其鬼而祭之　章

　　子曰：“非其鬼而祭之，諂也。見義不爲，無勇也。”

　　不應祭而祭，非諂奚爲？見義當速爲，徘徊顧慮，是無勇也。

論語義疏卷三

孔子謂季氏八佾　章

孔子謂季氏:"八佾舞於庭,是可忍也,孰不可忍也?"

人皆有不可忍之心,性之德也。大夫不敢祖[一]諸侯,季氏[二]祖桓公[三],復緣魯故事[四],亦用天子之禮於其家廟,僭逾極矣。是且可忍,尚有不可忍者乎?

【注】

[一]祖:效法。

[二]季氏:即季孫氏,春秋時魯國勢力最大的三桓之首,爲魯桓公幼子季友的後裔。文中的"季氏"當是季平子,也即季孫意如。他的官職爲正卿,除主掌政權外,還可以代國君主持祭祀。一説"季氏"是季桓子。

[三]桓公:魯桓公,名姬允,一作姬軌。他是魯惠公的嫡長子,娶齊襄公的妹妹文姜爲夫人,後因發現齊襄公與文姜私通,被齊國公子彭生殺死於齊國。

[四]魯故事:魯國的先例。

三家者以雍徹子曰相維辟公　章

三家者以《雍》徹。子曰:"'相維辟公,天子穆穆',奚取於三

家之堂？”

前章一“忍”字，揭出良心。此章一“取”字，勘入實際。冷冷數語，盡情抉發奸雄罪狀，嚴於斧鉞，但不動聲色耳。千古奸雄，皆始於喪心，極於作僞。此作《春秋》胚胎。

人而不仁　章

子曰：“人而不仁，如禮何？人而不仁，如樂何？”

心怵而奉之以禮，心和而飾之以樂，所謂仁也。人而不仁，其於禮樂遠矣。

政得其序之謂禮，治宣其和之謂樂。上徵於君相百執事，而下徵諸蒼黎。禮樂必待百年後興，此漢儒陋語，欲以誣隆古乎哉？

林放問禮之本　章

林放問禮之本。子曰：“大哉問！禮，與其奢也，寧儉；喪，與其易也，寧戚。”

春秋逐末，禮失其本久矣。林放問及，故深嘉之。奢、儉皆非禮，而儉於本爲近。喪，禮之最重者，故抽論以舉例。

流俗奢侈日甚，豎子傭奴，并游思無紀，造化之力且懼弗勝，況農夫女紅乎？惟禮可以已之。

呂新吾[一]曰：“忠信之人，可以學禮。是禮也者，枝葉忠信。而後世之禮，則忠信之賊也。禮稱情，則人以禮觀忠信，而真者因以達其心；禮掩情，則人以禮爲忠信，而僞者藉以售其詐。彼節文習熟者，其態近情，且將襲忠信而奪之。我觀《儀禮》，喜其節文詳密，足以檢人情；又哀其儀度繁密，反以亡忠信。且自有《儀禮》以來，率由者曠世鮮其人，非天下後世之罪，則禮之文也繁也，自絕於天下後世也。艱澀奧僻，宿儒窮年講之而不精；細微曲折，學士終身由之而不熟。器數[二]文物，有力者加意辦之而始備，以責之淺學之士，嘗試之爲貧無力者之家，雖欲行禮，得乎？是好禮者之過也。"①此言切而中，深得夫子嘉林放之意。他日吾夫子又有"從先進"之語，亦此物此志夫。嗚呼！易則易知，簡則易從，非爲易知易從也，道本如是也。夫自絕於天下後世者，又豈獨《儀禮》爲然？君子所爲讀呂氏之言，而慨然長嘆息也。

【注】

[一]呂新吾：呂坤，字叔簡，號新吾，明歸德府寧陵（今河南商丘寧

---

① 引文見呂坤《去僞齋文集》，平泉所引有刪節。呂著康熙三十三年刻本卷五《四禮疑序》作："忠信之人，可以學禮。是禮也者，枝葉忠信。而後世之禮，則忠信之賊也。禮稱情，則人以禮觀忠信，而真者因以達其心；禮掩情，則人以禮爲忠信，而僞者藉以售其詐。彼節文習熟者，其態近情，且將襲忠信而奪之，又安事忠信爲哉？噫！禮作而忠信亡，不若禮亡而忠信無所掩。人不得不勉而爲忠信耳。本以檢人情，而至於亡忠信，則制禮者之過也。我觀《儀禮》十七篇，每喜其節文詳密，足以檢人情；又哀其儀度繁靡，足以亡忠信。曰：始爲《儀禮》者誰？其周後進之君子乎？記《禮》者誰？其漢儒好禮之君子乎？禮煩則亂，文勝滅質，上嘉者悲。夫聖人制作，廣大易直，精實切近。觀於《易》《詩》《書》《春秋》，而意指大可見矣。是禮也，所從來甚久，而崇尚甚隆。豈不知一言出，而彈射者遍天下後世哉？禮之檢人情者，吾不敢不尊之以爲世道衞；禮之亡忠信者，吾不敢不辨之以爲世道防。且自有《儀禮》以來，世之率由者，海內鮮其人焉，曠世鮮其人焉。視爲鼎彝，寶玩之而弗用。非天下後世之罪，則禮之文也繁也，自絕於天下後世耳。艱澀簡奧，宿儒窮年講之而不精；細微曲折，學士終身由之而不熟。器數文物，有力者加意辦之而始備，以責之淺學之士，嘗試之爲貧無力者之家，雖欲行禮，得乎？則不易不簡、難知難從之故也。是好禮者之過也。"

陵)人。萬曆二年(1574)進士，官至刑部侍郎。他秉持樸素的唯物主義，反對迷信，強調知行并重，特別重視行，對儒釋道都不能完全滿意，自陳"我就是我"。著有《呻吟語》《四禮翼》《實政録》等。

　　[二]器數：古禮中禮器、禮數的規定。

子曰夷狄之有　章

子曰："夷狄之有君，不如諸夏之亡也。"

　　天生民而立之君，君尊則名分正而紀綱肅，天下寧矣。春秋弑君三十六，夷狄無是也。伯顔曰："中國多好人，一年數易主；我國無好人，百年不易主。"①是言足與聖語相發。夫子言此，蓋極傷之，《春秋》所爲作也。余讀《隋史》，觀突厥讓國事，不禁慨然三嘆也。突厥沙鉢略以其子雍虞閭懦弱，遺令立其弟處羅侯。沙鉢略死，雍虞閭遣使迎之。處羅侯曰："自木杆以來，多以弟代兄、以庶奪嫡，失先祖之法，不相敬畏。汝當嗣位，我不憚拜汝。"雍虞閭曰："叔與我父共根連體，豈可反居於卑幼乎？且父命何可廢也？願叔勿疑。"②遣使相讓者五六，處羅侯竟立，以雍虞閭爲葉護。葉護者，突厥大臣之官也。嗚呼！自魏晉以來，骨肉相殘，迭爲戎首。突厥父子兄弟間何其異耶！何其異耶！

---

　　①　此言非伯顔所言。《建康實録·列傳·北魏》卷一六："拓跋宏皆自應接，甚重齊人。宏謂左右曰：'江南多好臣。'宏侍中李元凱對曰：'江南多好臣，數歲一易主；江北無好臣，百年不易主。"

　　②　《隋書》卷八四列傳第四十九《北狄》："(沙鉢略)以其子雍虞閭性懦，遺令立其弟葉護處羅侯。雍虞閭遣使迎處羅侯，將立之。處羅侯曰：'我突厥自木杆可汗以來，多以弟代兄，以庶奪嫡，失先祖之法，不相敬畏。汝當嗣位，我不憚拜汝也。'雍虞閭又遣使謂處羅侯曰：'叔與我父共根連體，我是枝葉。寧有我作主，令根本反同枝葉？令叔父之尊，下我卑稚？又亡父之命，其可廢乎？願叔勿疑。"

季氏旅於泰山子謂冉有曰　章

季氏旅於泰山。子謂冉有曰："女弗能救與?"對曰："不能。"子曰："嗚呼！曾謂泰山不如林放乎?"

季氏非不知其僭猥[一]，欲求福田[二]利益耳。非禮之食，神其吐之乎?"曾謂泰山不如林放"，見甚無謂，足使奸雄意沮。

【注】

[一]季氏非不知其僭猥：指季氏以大夫行天子諸侯之禮祭祀泰山，不是不知道這種行爲的僭越和荒謬。

[二]福田：佛教認爲供養布施之類的行爲是在積累德行，以後能受福報。就像春天在田地播種，秋天就會有收穫。

子曰君子無所争　章

子曰："君子無所争，必也射乎！揖讓而升，下而飲，其争也君子。"

此於有争，推明君子之無争，蓋傷時之多争也。

三代以射取士，所以觀德，即所以修武。自易弧矢爲辭章，士大夫諱言兵，古聖之意微，積弱之勢成矣。

子夏問曰巧笑倩兮　章

子夏問曰："'巧笑倩兮，美目盼兮，素以爲絢兮。'何謂也?"

子曰："繪事後素。"曰："禮後乎?"子曰："起予者商也! 始可與言《詩》已矣。"

倩、盼,素之美者,藉素以爲絢而益妍。"素"字一頓便明,子夏連讀耳。夫子以一"後"字破之,而遂悟及於禮後。夫禮之失也久矣,滔滔者踵事增華,日益浮靡,曾禮之不識,何有於後? 師弟子尋常問答,突出偉論,直透本原。夫子神爲一動,故嘉之。夫執《詩》求《詩》,皆不可與言《詩》者也。

子曰夏禮吾能言之　章

子曰："夏禮吾能言之,杞不足徵也;殷禮吾能言之,宋不足徵也。文獻不足故也。足,則吾能徵之矣。"

鹿氏曰："二代,周禮所從出,睹末流[一]日盛,悵本意盡失,無限感慨。"①

【注】

[一]末流:此指頹廢鄙陋的世風。

禘自既灌　章

子曰："禘自既灌而往者,吾不欲觀之矣。"

---

① 見鹿善繼《四書説約》卷三。鹿著作:"此章意全在言外,觀末句可想。蓋此二代乃周禮所從出也,不然要徵他做甚? 睹末流之日盛,悵本意之盡失,無限情思。"

　　魯號秉禮之國，禘[一]何等重大事，亦如此耶？言禘，非第言禘也。鹿氏曰："此但就不誠説，不必及僭。"①

【注】

　　[一]禘：周朝惟有周天子纔能行的隆重的大祭，多用來祭祀天和宗廟。周成王時，因爲周公旦功勛卓著，天子特許他行禘祭。周公封在魯，故而以後的魯國國君都沿襲行禘祭。這在平泉看來是僭越。

或問禘之説　章

　　或問禘之説。子曰："不知也。知其説者之於天下也，其如示諸斯乎！"指其掌。

　　孫子曰："祭祀雖幽明深隱之事，却明顯著察。孝子仁人有不能包舉天下民物，能稱享帝享親者乎？説不知，又説知其説之於天下，非夫子學窺天人，其誰知之？"②

祭如在祭神如神在　章

　　祭如在，祭神如神在。子曰："吾不與祭，如不祭。"

---

　　①　見鹿善繼《四書説約》卷三。鹿著作："儀文具而實意衰。夫子平生最好觀禮，最惱此禮。衹照白文看自通，似不必惹僭。蓋論僭自是僭，此處話且就不誠説，何指東説西，這樣費解？"
　　②　見孫奇逢《四書近指》卷五。孫著作："祭祀雖幽冥深隱之事，然却是明顯著察之事。孝子仁人有不能包舉天下之民物，而能稱享帝享親者乎？口説不知，又説知其説者之於天下，非夫子學窺天人，其誰知之？"

如在，爲吾而在。不與祭，何祭之有？

王孫賈問曰與其媚於奧　章

王孫賈問曰：“‘與其媚於奧，寧媚於竈’，何謂也？”子曰：“不然，獲罪於天，無所禱也。”

自古小人營求卑污情狀，賈自行畫出。究之媚奧媚竈，皆靠冰山，無有全理，祇落身名俱喪耳。小人東奔西競，應手隨心，滿懷計得祇是不愧於人，并不畏天。

乾之九三“終日乾惕”者，畏天也。蓋切心於身世之艱難，而懼以終始，所謂敬慎不敗者也。君子畏天，不畏人。

芳嘗問省洤先師曰：“先生每日作甚工夫？”曰：“亦無甚工夫，但見不做工夫人舉動多錯，亦不得謂無工夫。”因憶先師居嘗懍懍，每掀髯大喝曰：“天即理也，逆理則獲罪於天矣。”是謂畏天。此芳四年中所親見於吾師者也，故録之以附於夫子之言之後，以示我後人之讀《論語》者。夫畏天則敬天順天，敢有妄動乎？賈無忌憚，亦烏知在上者之赫赫乎？夫子直斥之如迅雷灌耳，足使宵小膽落。

子曰周監於二代　章

子曰：“周監於二代，郁郁乎文哉！吾從周。”
從周何須言此，蓋神明之默契耳。

子入太廟每事問　章

子入太廟，每事問。或曰："孰謂鄹人之子知禮乎？入太廟，每事問。"子聞之，曰："是禮也。"

以達人入周公之廟，人屬耳目。夫子於廟中之禮，固無不講論，然亦何能盡知？況雖講論，未嘗目睹。宗廟之中，執事有恪，敢弗深致其慎乎？"是禮也"，言是乃所以爲禮。張惕庵曰："《周官》大宗伯之職，大祭祀，帥執事而卜日宿，視滌濯，省牲鑊。小宗伯之職，亦云省牲，視滌濯，告時於王，告備於王。大司樂之職，大祭祀，宿懸，遂以聲展之。是先祭一日必習禮，必習樂，必省器具。夫子入而贊禮，如何不問？若正祭之日，奏格無言，豈有逐一諮問之事？此亦夫子少時以乘田委吏，入襄百執事之役，驟遇其事而問之，出於至誠，故直任不辭，曰知禮。若爲司寇，則奉犬牲，攝相事，則奉玉爵，贊幣不必問，或人亦不敢出此言。"①

子曰射不主皮　章

子曰："射不主皮，爲力不同科，古之道也。"

張惕庵曰："《周禮》大司徒屬鄉大夫之職，賓興[一]之後，以五物詢衆庶。一曰和，内治正。二曰容，外直體。三曰主皮，射不貫革，與無矢同。四曰和容，中不驕，不中不懾。五曰興舞。樂必兼舞，比節於樂，則與舞合。是射正主皮也。禮射不主皮，此《儀禮》

---

①　見張甄陶《四書翼注論文》乾隆四十二年刻本卷七。

之文,夫子引之,少一'禮'字。禮射指大射、賓射、燕射。候中心
爲鵠,以皮爲之,中而深入爲貫革,謂之主皮。不貫革不害爲中
也。春秋末,雖禮射亦主貫革,勢不得不然也。此章重思古,不
重慨今。武王克商,散軍郊射,左射狸首,右射騶虞[二],裨冕搢
笏,虎賁脱劍,且祀乎明堂以教孝,養三老五更以教弟,故能刑措
之盛,迨於成康,此古道之實也。"①

【注】

[一]賓興:周朝舉薦賢才的制度。

[二]騶虞:傳說中的獸名。

子貢欲去　章

**子貢欲去告朔之餼羊。子曰:"賜也,爾愛其羊,我愛其
禮。"**《周禮》"太史頒告朔於邦國",《玉藻》"天子玄冕聽朔於南門之外,
諸侯革弁聽朔於太廟",注:明堂在國之南。天子以特牛告其神,即春帝
太皡。其神勾芒之類,配以文王武王諸侯以特羊告廟,即以此日視朝,謂
之視朔。又以此日聽此一月之政,謂之聽朔。朔即歷書古行事,按月令

---

① 見張甄陶《四書翼注論文》卷七。平泉所引有刪節。張著作:"《周
官》大司徒屬鄉大夫之職,賓興之後,以五物詢衆庶。一曰和,内治正。二
曰容,外直體。三曰主皮,四曰和容,中不驕,不中不懾。五曰興舞。樂必兼
舞,節比於樂,則與舞合。是射正主皮也。禮射不主皮,射不貫革,與無矢同。
夫子所引,少一'禮'字。禮射指大射、賓射、燕射。候中心曰鵠,以皮爲
之,中而深入則貫革,謂之主皮。不深入則不貫革,不害其爲中也。春秋
之末,雖公卿大夫之禮射皆主皮矣。夫子既不能易天下,則無責人不應尚
力,拱手待斃。此章重思古,不重慨今。武王克商,散軍郊射,左射狸首,
右射騶虞,裨冕搢笏,虎賁脱劍,祀乎明堂以教孝,養三老五更以教弟,故
能致刑措之盛,迨於成康,此古道之實也。"

告朔即兼听政。①

　　禮者，國所與立。告朔，禮之重者也。魯不告朔，夫子早已神傷，一聞去羊之言，彌復悽然。實亡名存，孰與名實俱亡乎？

事君盡禮　章

子曰：“事君盡禮，人以爲諂也。”

　　君易驕，臣易諂，春秋時却不然。春秋時無君臣上下之分，夫子嘗以致慨。“事君盡禮”，一“禮”字，有無任小心畏慎在内。《鄉黨篇》略著其概。世方相習於無禮，則盡禮者有似於諂。人以爲諂，亦勢之固然，無足怪。夫子非以自白，所以明事君之禮也。舜盡事親之道，而天下之父子定；仲尼事君盡禮，而萬世之君臣定。父子定，家無逆顔；君臣定，則綱紀肅，政事修，灾害不生，禍亂不作，萬物各得其所矣。

　　雖有猜主，何至疑中山[一]？然因其疑而益謹其事君之禮，此聖人地位。斯其所以光大無窮也。

　　説《春秋》者有謂仲尼以天自處。余初聞此言，眩然大驚，疑《春秋》以正名分，安有以天自處之理？後見先正多斥其説，知人心固有同然者。昔人論處士橫議，推至以學術殺人心。儒者持論，可勿慎乎？

【注】

　　[一] 雖有猜主，何至疑中山：猜主，疑嫉心重的君主。中山，指明代

---

　　① 此段小字俱引自張甄陶《四書翼注論文》卷七。張著《玉藻》作《禮記·玉藻》，“諸侯革弁”作“諸侯皮弁”，“一月之政”作“一月之治”，“朔即曆書”作“蓋朔即曆書”。

開國元勳徐達，封中山王。朱元璋稱帝後屠戮功臣。徐達因始終恭謹有禮，得以善終。平泉的意思是：雖然有猜忌狠毒的君主如朱元璋，又何至於懷疑持身謹慎的徐達呢？

定公問君使臣臣事君　章

定公問："君使臣，臣事君，如之何？"孔子對曰："君使臣以禮，臣事君以忠。"

曰使，有驅策意，患其慢易也。曰事，有崇奉意，患無實心也。夫子之對，亦就其問立言，而君臣之道畢賅。

關雎樂而　章

子曰："《關雎》，樂而不淫，哀而不傷。"

樂過則淫，哀過則傷。不淫不傷，謂獨得乎中和。《關雎》樂之卒章，帝王起化[一]於微渺，聞樂知政，元音一布，實開八百之基。

【注】

[一]起化：改變社會風尚。

哀公問社於宰我　章

哀公問社於宰我。宰我對曰："夏后氏以松，殷人以柏，周人以栗，曰使民戰慄。"子聞之曰："成事不説，遂事不諫，既往不咎。"大司徒掌制邦國畿疆，設之社稷之壝，而樹之田主，各以所宜木，遂以名其社與其野。古集衆誓戒皆在社。①

陰聽訟則於亡國之社焉。

子曰管仲之器小哉　章

子曰："管仲之器小哉！"或曰："管仲儉乎？"曰："管氏有三歸，官事不攝，焉得儉？""然則管仲知禮乎？"曰："邦君樹塞門，管氏亦樹塞門；邦君爲兩君之好，有反坫，管氏亦有反坫。管氏而知禮，孰不知禮？"障蔽内外，天子外屏，諸侯内屏，大夫以簾，士以幃。《明堂位》有云："崇坫、康珪，天子之廟飾也。"又云："出尊反坫。"注云："築土爲之，在兩楹之間。兩君獻酬畢，則反爵於其上。"或曰以木爲之，高七寸。大夫獻酬，反爵於篚。②

所以器小，夫子終未明言，亦無容輕爲擬議。然就本章而觀之，奢而犯禮，器大者有如是乎？是蓋未免有自矜重意。夫萬石之鐘，不爲莛撞起音；大海納百川，而何有於水也？

子語魯太史樂曰　章

子語魯太師樂，曰："樂其可知也：始作，翕如也；從之，純如也，皦如也，繹如也，以成。"

---

① 小字部分俱出自張甄陶《四書翼注論文》卷七。張著"各以所宜木"作"各以其野之所宜木"。

② 小字部分俱出自張甄陶《四書翼注論文》卷七。張著"《明堂位》有云"作"《明堂位》有"。

鹿氏曰："樂自有真，所謂元聲也，不在度數外，亦不在度數中，從人心太和生，非中有太和，誰取準也？數'如'字，以己意指授，全於蹊徑外求之。"①

儀封人請見曰君子之至於斯也　章

儀封人請見，曰："君子之至於斯也，吾未嘗不得見也。"從者見之。出曰："二三子何患於喪乎？天下之無道也久矣，天將以夫子爲木鐸。"

孔子得位不過伊、傅、周、召，不足盡其用。天下者，天之天下也。道原於天，經累代之培養。天下無道久矣，流極將安窮乎？爲一時興至治，何若爲萬世開太平？刪定六經，布告天下，使斯道昭然如日月之明，永永不昧，皆喪之所爲，天實以之矣。孔子之德之業，獨高千古。封人一見，何自而知之？天地閉，賢人隱。彼封人者，伊何人哉？伊何人哉？

道非真知，成己不足，況天下國家乎？試觀孔子隨手拈來，隨口説去，無不恰好至當，使讀者且喜且悲且懼。或曰："喜則然，胡爲悲且懼？"曰：天不得已，篤生孔子，如親行焉，實悲且懼。人安得不悲懼？

春秋時無君臣上下之分，而孔子生。戰國世亂益甚，人胥泯泯，與善日遠矣，而孟子生。孔子作《春秋》而人紀立，孟子道性

---

①　見鹿善繼《四書説約》卷三。鹿著作："太師是樂的專門，夫子却如何弄斧？蓋樂的度數算不得樂，樂自有一段真消息，所謂元聲也。此元聲不在度數外，而却不在度數中，從人心太和生來，胸中没有太和的，難取定準。須孔子纔自負知音，而陳其來歷云云。幾個'如'字，是《樂》經所不載的，乃孔子以意授他，如是如是，全於蹊徑外尋之。"

善而人性明。人紀立，而天下之人相安以生；人性明，而天下之人自安其生。故曰天生，此天意也。曰："既天意，何不便使得位以行之？"曰："藉位以行，其行有盡；不藉位以行，其行無窮。天生孔子、孟子以爲萬世也。是義也，却被封人一言道破。"

天不夢夢，特未明與人言耳。治亂興替之交，斟酌旋轉，較若權衡，文滅質，博溺心，至南宋而極，耳目塗飾，天下靡靡然相殉相遁於故紙，真機殫矣，雖大力者，烏從而挽之哉？斯時也，大可以覘天矣。

子謂韶盡美矣　章

子謂《韶》："盡美矣，又盡善也。"謂《武》："盡美矣，未盡善也。"

惟聖知聖，此就樂以等二聖，所謂聞其樂而知其德。

子曰居上不寬　章

子曰："居上不寬，爲禮不敬，臨喪不哀，吾何以觀之哉？"

本之則無其他，雖美亦不足觀。

明太祖欲相劉誠意[一]，固辭。其知進退之道乎？中聲之後，不容彈。此造化者，機也。然其告太祖曰："大寒之後，必有陽春。今國威已立，願濟之以寬。"[二]斯真宰相，惜哉！

【注】

　[一]明太祖欲相劉誠意：劉誠意，即劉基，字伯温，明代開國元勛，封

誠意伯,爲人謙恭謹慎,天下甫定,於洪武四年(1371)辭官歸里。朱元璋
有意相劉基,劉基堅決推辭事,見《明史》卷一七一列傳第二十二《劉伯温
傳》記洪武三年(1370):"帝適以事責丞相李善長。凌説因劾之。基言:
'善長舊勲,能調和諸將。'帝曰:'是數欲害君。君乃爲之地耶? 吾將相君
矣。'基頓首曰:'是如易柱,必得大木,若束小木爲之,且立覆。'帝意解。"

　　[二]"大寒之後"至"願濟之以寬":出自《明史》卷一七一列傳第二十
二《劉伯温傳》,原作"霜雪之後,必有陽春。今國威已立,自宜少濟以寬。"

論語義疏卷四

里仁爲美　章

子曰："里仁爲美。擇不處仁，焉得知？"

智不外仁，離仁無所謂智。

子曰不仁者不可以久處約　章

子曰："不仁者不可以久處約，不可以長處樂。仁者安仁，知者利仁。"

此見智之必仁也，不可久，不可長，豈能遂不久不長？ 不知力求其可，而坐聽其淪胥以害其德，不智孰甚焉？ 故仁者固與仁爲一而安之矣，而智者灼然知仁之有利於我而利之。夫利孰大於仁哉！

久樂必淫，苦節難貞。樂必有苦意乎！ 樂而知苦，其樂可長也。"縱令天下皆反，我輩只合如此"[①]，非陽明無此定力。然在爾時，亦自不得不如此。不如此，作何湊泊？ 仁者自無不仁，智

_____

① 《陽明先生年譜》中卷作："天下盡反，我輩固當如此做。"

者必不肯不仁。學則智，不學則愚。然而陽明仁也，非智也。

惟仁者能　　章

子曰："惟仁者能好人，能惡人。"

好惡，是非之本。心蔽於私，則不能盡好惡之理。仁者無私，故獨能之。

苟志於仁　　章

子曰："苟志於仁矣，無惡也。"

仁爲心之全德，苟志於仁，雖未必即仁，未必復爲惡者。

子曰富與貴是人之所欲也　　章

子曰："富與貴是人之所欲也，不以其道得之，不處也；貧與賤是人之所惡也，不以其道得之，不去也。君子去仁，惡乎成名？君子無終食之間違仁，造次必於是，顛沛必於是。"

世間害仁者最多，獨欲富貴、惡貧賤一關，特地難破。古來不知緣此汩没多少英雄，豈論道不道？貪戀挣扎，鶻突到老，究竟有命管定，絲毫難强，將昂藏丈夫自家弄得七顛八倒，一場辛苦，枉作小人。君子如此不處不去，非作意與人打拗，祇爲天生此一付本來良心，抹煞不下，祇好甘些淡薄，受些凄涼，是即仁也。仁所以爲君子，若去仁，惡乎成名？然仁非今日到手便都無事，可欣可戚之境日百出以嘗我，偶一放鬆，便自滑手，不知不覺，漸漸將良心喪去。故君子時時刻刻提醒此心，嘗如臨深履薄，無終食之間違仁，雖造次顛沛，亦必於是，乃做成真正君子，十分足色。鹿江村謂："如此用力，乃逃出樊籠外，静若山，動若水，造化爲徒。孔之浮雲富貴，顏之簞瓢陋巷，孟子大駡受非義萬鐘爲失其本心[一]，是一脉學問。過不去此關，休講人品。"①尤西川[二]致仕居洛，客至亦噉青菜。今其風與岱華并高云。

　貧賤以無求爲德，求非必甚齷齪也。一有求，知意乞兒沼門，真貧真賤。

【注】

　[一]孟子大駡受非義萬鐘爲失其本心：孟子批評接受不義的萬鐘，是喪失了天生的良知。出自《孟子·告子上》。原文爲："一簞食，一豆羹，得之則生，弗得則死。呼爾而與之，行道之人弗受；蹴爾而與之，乞人不屑也。萬鐘則不辯禮義而受之，萬鐘於我何加焉！爲宫室之美，妻妾之奉，所識窮乏者得我與？鄉爲身死而不受，今爲宫室之美爲之；鄉爲身死而不受，今爲妻妾之奉爲之；鄉爲身死而不受，今爲所識窮乏者得我而爲之；是亦不可以已乎？此之謂失其本心。"

　[二]尤西川：尤時熙，字季美，號西川，明洛陽人。嘉靖時官至户部主事，後辭官歸養母親。服膺王陽明，以不能親炙爲憾，拜陽明弟子劉魁爲師。其學以"致良知"爲根本，堅信人人可做聖人，道理在日用常行間，惡空談，重踐履。他是北方王學的代表人物。著有《擬學小記》等。

---

　①　見鹿善繼《四書説約》卷四。鹿著作："看這般用功，纔跳出樊籠之外，静若山，動若水，造化爲徒，好個君子。孔之浮雲富貴，顏之簞瓢陋巷，孟子大駡受非義萬鐘爲失其本心，是一脉學問。過不得此關，休講人品。"

子曰我未見好仁者惡不仁者　章

子曰：“我未見好仁者，惡不仁者。好仁者，無以尚之；惡不仁者，其爲仁矣，不使不仁者加乎其身。有能一日用其力於仁矣乎？我未見力不足者。蓋有之矣，我未之見也。”

聖人急切勉人爲仁。爲仁者，用力於仁也。爲仁必好仁，必惡不仁。聖人嘆好仁、惡不仁之未見，蓋好仁者深知仁之足貴，傾心於仁，視天下之物皆無以尚之；惡不仁者，實心爲仁，視不仁如泥塗，不使加乎其身。看來，自古循理者日進高明，殉欲者日流污下。仁則榮，不仁則辱；仁則安，不仁則危。仁真是無以尚，何其可好；不仁真沾身不得，何其可惡。而我之所以未見者，以人皆委於力之不足，而不能用力於仁耳。有能用其力於仁矣乎？我未見力不足者；容或有之，我實未見也。聖人急切教人用力於仁，催趕上道，杜絕旁路，至今深情如見。人皆可以爲堯舜，塗之人可以爲禹，安有力不足者？不爲也，非不能也。天德王道衹一理。

孔子曰：“仁遠乎哉？我欲仁，斯仁至矣。”又曰：“有能一日用其力於仁矣乎？我未見力不足者。”孟子謂道若大路，人有四端猶四體。孔孟之言，較然明甚。後儒講學，遂成彌天障霧，不可開解。陽明比之商君言帝王之道，非虛語也。嗚呼！非豪傑之士，烏能自拔於叢棘哉？

子曰人之過也各於其黨　章

子曰：“人之過也，各於其黨。觀過，斯知仁矣。”

孫子曰：“知中之愚，仁中之過，淋漓篤摯，較之智與仁，更起人敬，更令人悲。雙峰[一]謂‘過猶足以見其仁’，語意自明，獨指君子而言。”①

鹿氏曰：“仁者，本來生意也，不可以蹊徑求。觀過知仁，是乃識仁。過中之仁，或事出無心，或明知不顧，一片真機，溢出於意料之所不忍用、行迹之所不忍避。古來多少忠臣義士、孝子弟弟，有此光景？”②按：所云“一片真機”，看此粗莽，推出去即是王道，收轉來便是天德，握在手中，即可旋轉乾坤，捲舒宇宙，但爭一番磨練耳。

卓尸狼藉市肆，伯喈[二]感其知遇，對客嘆悼，有違名檢，然自不失爲厚，與黨惡殊科。稽其生平，較然明白。殆亦所謂觀過知仁者與？司徒執以爲戮，乖天衷矣。

【注】

［一］雙峰：饒魯，字伯輿，一字仲元，號雙峰，南宋末年饒州（今江西萬年）人。其學宗奉程朱，以持守涵養爲主，學問思辨爲先，而篤行終之。著有《五經講義》《太極三圖》等。

［二］伯喈：蔡邕，字伯喈，東漢陳留（今屬河南開封）人。當時名士，擅長文學、數術等，曾官太中郎將。初平三年(192)肆行不義的董卓被司徒王允設計殺死。蔡邕因此前受過董卓禮遇，所以在王允座前對董氏之死表示惋惜，遭到王允的殺害。

---

① 見孫奇逢《四書近指》卷五。
② 見鹿善繼《四書說約》卷四。鹿著作：“仁是本來生意，原不可以蹊徑求。觀過知仁，有味哉，孔子原認的仁。過中之仁，或是事出無心，或是明知不顧，一片真機溢出於意料之所不忍用、形迹之所不忍避。千古來多少忠臣義士、孝子悌弟，都從這塊地上過光景。”

朝聞道夕　章

子曰：“朝聞道，夕死可矣。”

天之生人也，若有心，若無心，若自然，若不勝其經營勞瘁，五性七情，四體百骸，蓋無處無道焉。得道皆利也，失道皆病也。人如聞道，上與天通。

或曰：“何謂聞道？”曰：“知性。”“知性何以爲聞道？”曰：“性外無道，原始要終，而天地之理畢矣，故知性爲聞道。”“知之遂爲聞道乎？”曰：“不行，安得知？ 且知而行在其中矣。”曰：“朝聞夕可，不聞何以不可？”曰：“人不聞道，舉步即非，生昏昏，死悵悵，如之何其可？”

庸人之不可在一身，英雄豪傑之不可在家國天下。聖人此言爲庸人慮者淺，爲英雄豪傑慮者深也。

鹿氏曰：“人將道看極輕，將死生看極重。豈知人生無不盡之身，貪生怖死，達者所嗤，但醉生夢死，甚不可耳。知道者但論何時聞，不論何時死。本性見得，大事畢矣。此消息紙不能載，口不能傳，反而求之，必有光景。大要孔子爲虛生虛死者出此盡頭語，漏泄天機。”①

孫子曰：“一貫執中，自唐虞至孔子，古人學問必有師承。聞

---

① 見鹿善繼《四書説約》卷四。平泉所引有删節。鹿著作：“人把道看極輕，把死看極重。道可以不聞，死則再没可的。豈知人生修短不一，而無不盡之身，有生必有死，如晝之必有夜也。貪生怖死，達者所笑，但醉生夢死，則甚不可耳。道者，天命之性，人之所以爲生也。乘此而來，當抱此而往。不聞道，死真死也，生之理已滅也，死又枉死也，生之事未畢也。知道者但論何時聞，不論何時死。本性得現，大事已畢。生順没寧，説甚朝暮？ 此個消息紙不能載，手不能授，口不能傳，反而求之，必有光景。大要孔子爲人不聞道虛生虛死出此盡頭話，漏盡天機。”

而悟者，是謂真悟。死猶可，有何不可？"①按：羅念庵自謂亦從講論入。

子曰士志於道而耻惡衣　章

子曰："士志於道，而耻惡衣惡食者，未足與議也。"

内重足以勝外之輕，重外何有於内？

子曰君子之於天下也無適也　章

子曰："君子之於天下也，無適也，無莫也，義之與比。"

君子略無成心，惟其是而已。劉青田謂持心如水，以理義爲權衡而已，不與正如此。鹿氏曰："《庖丁解牛》篇可玩。天下事自有窾郤，適莫者其刃必折。"②

有治人者無治法，此語最通。即三千三百待人後行意法，三千三百皆適莫也。義者，事之宜也。事之來也無常，義亦無常者也。非君子，其孰比之？故曰：天下之理皆活也，要非聞道，都無從説起。死仁死義，與不仁不義同科。

---

① 見孫奇逢《晚年批定四書近指》同治三年刻本（下同）卷三。孫著作："執中一貫，自唐虞以至孔子，古人學問必有師承。聞而悟者，是謂真聞。死猶且可，有何不可？"

② 見鹿善繼《四書説約》卷四。鹿著作："《庖丁解牛》篇該看。天下原有窾會，適莫的刃便要折。"

子曰君子懷德　章

子曰："君子懷德，小人懷土；君子懷刑，小人懷惠。"

懷者，念念不離也。孔子之教，朝廷之法，相輔而行。時時不敢背教犯法，即懷德懷刑之君子也。懷土者，便己而不顧德義；懷惠者，貪得而不畏法。

子曰放於利而　章

子曰："放於利而行，多怨。"

利者，人所同欲，自孩提而已然，要亦所同需也。夫權利所在，智勇奮焉。無利，而權亦不可行也。是故奠國寧家，度支爲先，但當揆諸道耳。古者利曰貨泉，取其流通無滯。若放利而行，人何以堪？怨之所發也，灾害并至，利與何有？

子曰能以禮讓爲國乎何有　章

子曰："能以禮讓爲國乎？何有？不能以禮讓爲國，如禮何？"

孫子曰："禮須讓始成。紀綱法度，皆實意貫注，小大所以共由也，不能讓，則一味虛板，與禮何干？學莫徒據禮而害天下事。"①

鹿氏曰："禮之節文、度數、尺寸難假，而其實原從讓生出。大綱小紀，三百三千，都以一腔篤實謙和貫於其間，則朝野臣民

---

①　見孫奇逢《四書近指》卷五。孫著"皆"作"皆是"。

共忻圏於太和之宇。爲國何有？不然，讓之意既無，則禮反爲長傲之具。無論國，即禮亦不相干，純爲據理以爭者發。"①按：君子恭敬撙節，退讓以明禮。有子謂"禮之用，和爲貴"，"和"亦讓意。

子曰不患無位患所以立　章

子曰："不患無位，患所以立；不患莫己知，求爲可知也。"

在己者可憑，在人者不可憑。不患其可憑者，而患其不可憑者，惑之甚者也。況無所以立乎其位，何有於位？無可知，何有於知？而有所立者，位必至；有可知者，人無不知乎！若云位不必有，人不必知，義非不高，徒爲懶夫藉口耳。聖人處處提振人心，使其著己切實，鍛煉猶恐放鬆，決不作寬皮語。觀於聖人，而嘆後之講學者抑何泄泄也。

子曰參乎吾道一以貫之　章

子曰："參乎！吾道一以貫之。"曾子曰："惟。"子出，門人問曰："何謂也？"曾子曰："夫子之道，忠恕而已矣。"

曾子篤信躬行，博而能約，但未知貫之以一耳。夫子呼之曰"吾道一以貫之"，曾子已會意是忠恕，故直應之曰"惟"。及出，而門人問"一貫"之義，遂斥口爲門人言之耳。中心爲忠，如心爲恕，古訓義自得。中心者，無他也；如心者，無違也。

---

①　見鹿善繼《四書説約》卷四。鹿著"從讓生出"作"從讓心生出"，"貫"作"灌"。

釋氏耽空守寂，撥弄虛機，以蘄一旦之覺悟。聖學則步步踏實，無所等待，忠恕一生做不盡，孟子所謂强恕而行[一]也。

談精微，人有躲閃之路矣；事考博，而人多推托之方矣。夫子之道不外忠恕，忠恕即"一貫"。言"一貫"，門人不喻；言"忠恕"，當下即可著力。真切簡易如此，而後世猶有遠人爲道外心求理者。

合内外，平物我，此儒先精粹語，然何如忠恕兩字有著落。孟子力明本心，又從"忠恕"揭出端的，看將起來，却衹是如此如此。明道謂："識得時，不須防檢窮索，以誠敬存之而已。"①活潑潑的鳶魚，各循上下之撰。

【注】

[一] 强恕而行：努力按照推己及人的恕道而行。出《孟子·盡心上》："萬物皆備於我矣。反身而誠，樂莫大焉。强恕而行，求仁莫近焉。"

君子喻於　章

子曰："君子喻於義，小人喻於利。"

喻者，深知篤好，在微密無言之地。君子未嘗不利，小人未嘗無義，而各有獨喻也，此惟自知之，惟聖人能察之耳。

許益之[一]講道白雲，及門千人，咸有所得，惟不以舉科之文授人，曰："此義利之所由分也。"愚謂根深末茂，本立文行，苟志於道，文藝亦道也。若視爲先務，全力與之，及質鈍而逐日撈月苦求之者，甚無謂也。要之，白雲教意，故爲壁立千仞。

----

① 《二程全書》卷二上："學者須先識仁。仁者，渾然與物同體。義禮知信皆仁也。識得此理，以誠敬存之而已，不須防檢，不須窮索。"

【注】

　　［一］許益之：許謙，字益之，號白雲山人，元東陽（今屬浙江金華）人。幼年時嗣母陶氏就授以《論語》《孝經》。成年後，師從金履祥。屢徵不出，以講學爲務。其學以朱熹爲本，折衷朱陸。著有《讀論語叢説》等。平泉述許謙講學事，見《元史》卷一八九列傳第七十六《儒學一·許謙傳》。

見賢思齊　章

　　子曰：“見賢思齊焉，見不賢而内自省也。”

　　好賢惡不賢，人情也。然徒好徒惡，亦奚以爲？思齊内省，賢不賢皆益。

子曰事父母幾諫　章

　　子曰：“事父母幾諫。見志不從，又敬不違，勞而不怨。”

　　孫子曰：“父母有過，諫而不違。所謂幾也，窺其幾而善用其旋轉，在有意間無意間，迨至不違不怨。孝子之情，愈真愈苦。”①

子曰父母在不　章

　　子曰：“父母在，不遠游，游必有方。”

---

　　①　見孫奇逢《四書近指》卷五。孫著作：“父母有過，諫而不逆。所謂幾也，窺其幾而善用其挽轉，在有意無言，迨至不違不怨，則孝子之情愈真愈苦。”

遠游則親心隨之，有方則不至懸懸無薄，是蓋有所不得已。
要之，人能以父母之心爲心，動止亦自不敢草草。

三年無改　章①

子曰："三年無改於父之道，可謂孝矣。"

子曰父母之年不可不知也　章

子曰："父母之年，不可不知也。一則以喜，一則以懼。"
誰無父母？聖語喚醒人心。鹿氏謂："字字可泣。"②

古者言之　章

子曰："古者言之不出，恥躬之不逮也。"
未行而輕出言，坐無恥耳。聖人推論古者不出言之故，知恥
之於人甚大。

---

①　本章平泉無義疏。
②　見鹿善繼《四書説約》卷四。鹿著作："父母有過，子不得比於人，
須要撥得回轉，而用心甚苦，用力甚勞，不事强持，全用感悟，有意無言，有
言不盡之處，要父母愛其誠，憐其苦，而亮其心，因以聽其言。舜當時順
親，必是此道，幾君窺其有將然之意也。故下云見志不從，彼時埋頭而語，
各在言外也。又敬不違，勞而不怨，字字可泣。"

以約失之　章

子曰："以約失之者鮮矣。"

夫子見侈縱者多失，故發此言。約實，立身寶符。金忠節[一]謂："《易》三百八十四爻，未有以退失者。"亦此。噫！

【注】

[一] 金忠節：金鉉，字伯玉，明末武進（今江蘇常州）人。歷任揚州府教授、兵部主事等。李自成入京師，金氏投水而死，諡忠節。著有《易説》《大學漢詁》等。

子曰君子欲訥　章

子曰："君子欲訥於言而敏於行。"

千言不如一行。

德不孤必　章

子曰："德不孤，必有鄰。"

無獨必有對，或千里得聖，或百里得賢。鄰不必悉合，離合相究，同異相參，皆鄰也。

子游曰事君數斯辱矣　章

子游曰：“事君數，斯辱矣；朋友數，斯疏矣。”

事君欲有終，誰欲辱？交友欲日篤，誰欲疏？然數，未有不辱且疏。夫進諫有方，責善有道，奈何至於數？無益有損，其謂之何？

孫子曰：“君友皆以義合，義不合，豈容强聒？此須知學。”①又曰：“忠臣不怕辱，然辱則回天無路；良友不憚疏，然疏則責善無功。”②按：君友以義相聯，以誠相通。細繹子游此語，一何其深至，乃知辱、疏者終不免悖悖耳。

范蜀公[一]請建儲，疏凡數十上，鬚髮爲白，何至是耶？然而無辱者，仁宗之盛德也。然則可不盡言乎？曰：“若之何不盡言也？當言則盡言，而不用則去。”

明諫臣張繼[二]惡劉瑾[三]之横也，疏彈之。廷杖三十，下詔獄，瘡小愈，復彈之，杖三十。如是者三，得杖凡九十乃斃。朝廷蓋不知也。此與事君數又異矣，第未知知吾疏不達吾君耶？不知吾疏不達吾君耶？哀哉！史傳其三次草疏時，其先人大呼哀號於前，信與！

【注】

[一] 范蜀公：范鎮，字景仁，北宋華陽（今四川成都）人。累封蜀郡公。宋仁宗無子，數十年不立太子，朝議洶洶。范鎮前後上章十九次請求

---

① 見孫奇逢《四書近指》卷六。孫著作：“獲上信友，皆以義合。義不合，豈容强聒？自取其厭。此須知學。”

② 見孫奇逢《晚年批定四書近指》卷四。孫著作：“忠臣不怕辱，良友不憚疏。然辱則回天無路，疏則責善無功。”

建儲。

〔二〕張繼：誤，當爲蔣欽。蔣欽，正德時南京監察御史，連續三次彈劾權宦劉瑾，三次遭廷杖，死於獄中。《明史》卷二五八列傳第一零九《蔣欽傳》記："方欽屬草時，燈下微聞鬼聲。欽念疏上且得奇禍，此殆先人之靈欲吾寢此奏耳。因整衣冠立曰：'果先人者，盍厲聲以告？'言未已，聲出壁間，益悽愴。欽嘆曰：'業已委身，義不得顧私，使緘默負國，爲先人羞，不孝孰甚焉？'復坐奮筆曰：'死即死，此稿不可易也。'聲遂止。"

〔三〕劉瑾：深受正德皇帝寵信、庇護的宦官。正德元年(1506)至五年(1510)間黨同伐異，權傾朝野。正德五年四月，都御史楊一清和另一權宦張永（與劉瑾矛盾很深）設計，由張永向正德皇帝告發劉瑾的十七條大罪，包括索賄無度、意圖謀反等。正德皇帝親自到劉瑾家中查抄，搜出金銀數百萬兩以及玉璽、玉帶等物，并在劉瑾常用的扇子中發現暗藏匕首。武宗大怒，下詔將劉瑾凌遲處死。

論語義疏卷五

子謂公冶長可妻也　章

子謂公冶長:"可妻也。雖在縲絏之中,非其罪也。"以其子妻之。子謂南容曰:"邦有道,不廢;邦無道,免於刑戮。"以其兄之子妻之。

薛敬軒[一]在獄讀《易》不輟,曰:"爲辨冤而死,何愧焉?"聖賢所謂功罪自別。然長雖無罪,猶不若南容之能全也。

孫子曰:"男女之族,必擇德焉。此章,孔門擇婿法。"①按:柳子厚言"荒陬無士人女子可與爲婚"②,向病其拘,然其言真爲有見,不可違也。蓋士人女近《詩》《書》之澤,略聞習禮法耳,此亦一擇婿法。按:"擇婿","婿"字當作"婦"字。

---

① 見孫奇逢《四書近指》卷六。孫著作:"古者男女之族,必擇德焉,不以財爲禮。故論財者,君子深鄙之,不入其鄉。長之縲絏,非罪。容之不廢於有道,免戮於無道,其德可知。一妻其子,一妻其兄之子,此孔門擇婿法也。或曰:非其罪、免於刑戮,但求其可終無咎而已。此是處其子之的確處。"

② 見柳宗元《河東先生集》卷三〇。原文作:"荒陬中少士人女子,無與爲婚。"

【注】

[一]薛敬軒：薛瑄，字德温，號敬軒，明河津(今屬山西運城)人。正統時任大理寺少卿，不屈於權宦王振。當時有某百户病死，其妾與行事校尉私通，欲嫁，百户妻不允。妾誣告妻毒其夫。錦衣衛成案，送都察院審之。百户妻被逼誣服。薛瑄辨别冤情，八次駁回，遣百户妻還家。錦衣衛指揮馬順、都御史王文等譖於王振，誣薛瑄受賄，判死罪下獄。薛瑄於獄中讀《易》自娱，坦然説："辨冤獲咎，死何愧焉?"後賴親友多方營救，方得免死。

子謂子賤君子哉若人　章

子謂子賤："君子哉若人! 魯無君子者，斯焉取斯?"
自天子至庶人，未有不資友而成者也。

子貢問曰賜也何如　章

子貢問曰："賜也何如?"子曰："女，器也。"曰："何器也?"曰："瑚璉也。"

既學，須知得力處。己不能知，聖人知之，古人所以貴矣也。許以美器而不器，意自在言外。

或曰雍也仁而不佞　章

或曰："雍也仁而不佞。"子曰："焉用佞? 禦人以口給，屢憎於人。不知其仁，焉用佞?"

時方尚佞，夫子素所深疾，故因或人之言而痛抑之。不佞未必即仁，仁必不佞。

子使漆雕開仕　章

子使漆雕開仕。對曰：“吾斯之未能信。”子説。

“斯”字緊跟仕來，斯即仕也。歷觀聖門，皆實言實事，着落在日用行習上，絶非懸空。先儒謂漆雕開已見大意。所謂大意者，在仕内耶？在仕外耶？仕内各有職任，作如何大？若在仕外，使仕不大耶？殊難領會，然六經都無此言。曰：意虚矣。曰：大意愈虚矣。然則子何悦？曰：悦其不輕仕。子羔爲費宰，真乃大不悦也。

孫子曰：“大英雄先度天下形勢，一一布置已定，然後徐出而圖之，纔有些子鶻突，後來便收拾不住，子瞻所謂‘自我發之，自我收之’。難至而不爲之懼，纔是過人識力。三代人品皆有所本，禹、皋、伯益微言至論，至今在人可見，作事不是草草。”①按：夏峰當明季時歷徵不出[一]。觀此言，使人傾挹不盡。

【注】

[一] 夏峰當明季時歷徵不出：孫奇逢目見明末國事一片漆黑，認爲大勢已去，個人無力回天。因此，他雖然被御史黄宗昌、兵部尚書孫承宗、工部尚書范景文等人多次向朝廷舉薦，却堅拒不出。

---

① 見孫奇逢《晚年批定四書近指》卷五。

子曰道不行乘桴浮於海　章

子曰："道不行,乘桴浮於海。從我者其由與?"子路聞之喜。子曰:"由也好勇過我,無所取材。"

蒿目時艱,無所措手,急難爲懷,所謂視此芒芒,百端交集,不如不聞不見,猶可少遣也。此段意興,惟子路見得明,做得徹,然何忍竟去也? 此一喜自處則得矣,如斯世斯人何?

孟武伯問子路仁乎　章

孟武伯問:"子路仁乎?"子曰:"不知也。"又問。子曰:"由也,千乘之國,可使治其賦也,不知其仁也。""求也何如?"子曰:"求也,千室之邑,百乘之家,可使爲之宰也,不知其仁也。""赤也何如?"子曰:"赤也,束帶立於朝,可使與賓客言也,不知其仁也。"

若第曰不知其仁,不但武伯有望洋之嘆,三子亦廢然各無着落。夫子告之如此,則三子雖不足於仁,而治賦、爲宰、接賓,皆仁之散著。

子謂子貢曰女與回也孰愈　章

子謂子貢曰:"女與回也孰愈?"對曰:"賜也何敢望回? 回也聞一以知十,賜也聞一以知二。"子曰:"弗如也! 吾與女弗如也。"

聖門聰明穎悟，子貢亞於顏子。夫子故呼而使之自校，知弗如，可如也。

宰予晝寢　章

宰予晝寢。子曰："朽木不可雕也，糞土之墙不可杇也，於予與何誅？"子曰："始吾於人也，聽其言而信其行；今吾於人也，聽其言而觀其行。於予與改是。"

責其昏惰與言不顧行。

子曰吾未見剛者　章

子曰："吾未見剛者。"或對曰："申棖。"子曰："棖也慾，焉得剛？"

屈慾之謂剛，剛者無慾，慾則不剛。

子貢曰我不欲人之加諸我也　章

子貢曰："我不欲人之加諸我也，吾亦欲無加諸人。"子曰："賜也，非爾所及也。"

子貢所言，夫子生平講究全在此，一聞盡情説出，不任懂忻，遂謂之曰："賜也，非爾所及也。"乃極贊之説。"非爾所及"，正是滿望其及，意態可想。或曰：子貢之言，恕也。其所聞於夫子者，正其致力之地。曰："欲無加"，誠哉其然也。然曰"欲無"，猶未能即然也,甚孤夫子先行後言之意,故深折之使之自省。不然,恕爲庸行,欲非已事,胡爲突出此抑勒語?

子貢曰夫子之文章　章

子貢曰:"夫子之文章,可得而聞也;夫子之言性與天道,不可得而聞也。"

孫子曰:"文章、性道非二物,凡可見者皆文章,其不可見者則性道也。除人事,何處是性命流行? 得聞不得聞,即可見不可見。"①

子路有聞　章

子路有聞,未之能行,惟恐有聞。

活托出力行之神,千載下奕奕如見。

漫空計路課程,一日何止千里,脚下却未動步。聖門所聞即所行。《魯論》二十篇,無一虛懸無着落語,所以及門之士,人人發憤。仲氏尤精神,其少退縮及有違失者,當即自首。如冉有、宰我,直是自我身上覺得平平,放不過去。

---

①　見孫奇逢《四書近指》卷六。孫著"其不可見者則性道也"作"而其不可見者則性道也","除人事,何處是性命流行"作"除了人事,何處是性命之流行"。

子貢問曰孔文子何以謂之文也　章

子貢問曰:"孔文子何以謂之'文'也?"子曰:"敏而好學,不恥下問,是以謂之'文'也。"

農夫望歲,必勤耕耨。士欲行之善,必勤學而好問。學問者,人己交修者也。專己自封與暴棄同譏。

古人先行誼,今大概以學問相較,抑末矣。若學問而無統會,所謂記醜而博也。

孫子曰:"人多於長中求短,不肯於短中取長。文子於謚議①既有合,祇論其合於謚而已,奚必苛求?"②

子謂子産有君子之道四焉　章

子謂子産:"有君子之道四焉: 其行己也恭,其事上也敬,其養民也惠,其使民也義。"

恭、敬、惠、義四者,皆君子之道,子産[一]有之。然則雖未至於全德之君子,而已卓乎非他人所能及。夫子贊《易》曰:"故君子之道鮮矣。"君子之道,即聖人之道。子産有四,故夫子亟稱之。夫子於子産直是敬甚。而或者乃謂其於聖人之道,概乎其未有聞,何與?

---

①　見孫奇逢《四書近指》卷六。孫著"文子於謚議既有合"作"文子於謚義既合"。

②　見孫奇逢《四書近指》卷六。

【注】

　　［一］子產：春秋時鄭國執政，曾輔佐鄭定公、鄭簡公，具有卓越的政治才能。他對內改革土地、稅賦、法律、選才等制度，開放言路；對外巧妙處理與環伺的楚、晉等強國的關係，爲鄭國的安定做出巨大貢獻。子產很受孔子的欣賞。

晏平仲善　章

　　子曰：“晏平仲善與人交，久而敬之。”
　　人情交久則怠玩生。晏大夫[一]久而能敬，故善。

【注】

　　［一］晏大夫：晏嬰，字平仲，春秋時齊國大夫，歷齊靈公、齊莊公、齊景公三朝，具有高超靈活的政治、外交才能。

臧文仲居　章

　　子曰：“臧文仲居蔡，山節藻梲，何如其知也？”
　　無義無命，昧理甚矣。文仲[一]有智，名曰“何如其知”，辭甚含蓄。

【注】

　　［一］文仲：臧文仲，春秋時魯國大夫，先後輔佐魯莊公、魯閔公、魯僖公、魯文公。以博聞強識、處事隨機應變知名。

子張問曰令尹子文　章

子張問曰："令尹子文三仕爲令尹，無喜色；三已之，無愠色。舊令尹之政，必以告新令尹。何如？"子曰："忠矣。"曰："仁矣乎？"曰："未知。焉得仁？""崔子弑齊君，陳文子有馬十乘，棄而違之。至於他邦，則曰：'猶吾大夫崔子也。'違之。之一邦，則又曰：'猶吾大夫崔子也。'違之。何如？"子曰："清矣。"曰："仁矣乎？"曰："未知。焉得仁？"知，去聲。

言其人但可謂忠、謂清，智尚未也，何得謂仁？有智而未仁者矣，未有未智而仁者也。此與上一章及後二章皆論智。上章暗於理，非智。季文子[一]鑿智，甯武子[二]章見智，不可專任。

【注】

[一]季文子：即季孫行父，春秋時魯國正卿，先後輔佐魯宣公、魯成公、魯襄公。他勤政儉樸，處事謹慎，三桓因而日漸強盛。

[二]甯武子：春秋時衛國大夫，主張處有道之世就顯露智慧，處無道之世就佯裝愚昧來保身。

季文子三思而後行　章

季文子三思而後行。子聞之，曰："再，斯可矣。"

觀文子生平，何嘗思來？人見其凡事依違，便道其三思而後行。夫子不辨浮論之非，但與論思。"再思可矣"，猶曰"如之何，如之何"。

子曰甯武子邦有道則知　章

子曰：“甯武子，邦有道則知，邦無道則愚。其知可及也，其愚不可及也。”

有道不生事，智也；無道不避事，愚也。人臣事君，不患不能智，患不能愚。史册上如武子者，代不乏人，其得於天者獨厚與？聞武子之風而興起與？明孫文正[一]可謂純臣矣，自請督師，有甯武子之愚，然君德未立，群狐躑躅，盍留以急內乎？唐荆川[二]嘗謂：“我輩少一甯武子之愚。”此言非是。世宗[三]猜狠自聖，豈君子有爲之時？括囊可也，肥遯可也。武子世臣，當未可以例論耳。

【注】

[一] 孫文正：孫承宗，字稚繩，號愷陽，明代北直隸保定高陽人。天啓、崇禎時長期督師薊遼，功勳卓著，官至兵部尚書。後屢遭彈劾，辭官鄉居七年。崇禎十一年（1638），清軍圍困高陽，孫承率衆竭力抵抗，城破不屈而死，諡文正。孫奇逢的知己鹿善繼、茅元儀都曾跟隨孫承宗從軍關外。孫奇逢本人及門人張果中等也都與孫承宗關係密切。

[二] 唐荆川：唐順之，字應德，一字義修，明代武進（今屬江蘇常州）人。因喜歡荆溪山川，號荆川。擅文章，於學無所不窺，著有《荆川集》《勾股容方圓論》等，與歸有光、王慎中齊名。又精通騎射與兵法，嘉靖時以兵部郎中身份督師浙江，痛擊倭寇，屢建奇功。性格耿介，落落寡合，曾因太子事宜觸怒嘉靖皇帝，遭削籍。

[三] 世宗：明世宗，即嘉靖皇帝朱厚熜。他猜忌心重而又自大，長期深居內宫，不見外臣。

子在陳曰歸與歸與　章

子在陳，曰：“歸與！歸與！吾黨之小子狂簡，斐然成章，不知所以裁之。”

孔子行道之心與傅道并切，迨道既不行，情懷并入一路，杏壇一席，遂爲千古主盟。鹿氏曰：“狂簡非憑天資也，乃學力所鑄。夫子開示本原，拔起流俗中。諸賢以傅爲習，已各有條理，特信其所見，一任邁往，當有以裁之，而彼未知耳。高明固遠於凡近，而亦遠於中庸，須勒得住，愈超愈平，愈遠愈近，使精神、力量都用在恰好處。”①

伯夷叔齊　章

子曰：“伯夷、叔齊不念舊惡，怨是用希。”

鑑不留形，夷、齊外屏塗炭，内無渣滓，是謂真清。

子曰孰謂微生高直　章

子曰：“孰謂微生高直？或乞醯焉，乞諸其鄰而與之。”

乞鄰而與，亦是長厚處。但有此一折，於義爲多，即非直矣。蓋就此事以明直，無譏微生意。此鄉曲瑣事，若舉以爲奚落之柄，聖人必不如是也。

---

① 見鹿善繼《四書説約》卷五。鹿著作：“狂簡不是憑天資，乃學力所鑄。夫子開提頭腦，拔起習俗之中，示諸賢入手之功。諸賢一向以傅爲習，脚踏實地做將去，已是成個條理。特信其所見，一任邁往，當有以裁之，而彼未知耳。高明固遠於凡近，恐其因而亦遠於中庸。須銜勒得住，愈超愈平，愈遠愈近，使精神、力量都落在正龍正脉上纔是。”

子曰巧言令色足恭　章

子曰：“巧言、令色、足恭，左丘明恥之，丘亦恥之。匿怨而友其人，左丘明恥之，丘亦恥之。”

人必先無恥，而後敢動於惡。《春秋》之作，明恥也。夫子言與左丘明同恥，此《春秋》序引“左丘失明，厥有《國語》”，史公之言當不誣。且《左傳》紀錄之書，中多格言至訓，左氏不任功；其有不合者，亦不任過也。

恭而無禮則勞，恭近於禮，遠恥辱也。聖賢立論不同，大抵爲加意陪奉者示之節耳。至於巧言、令色、足恭，尤聖人所痛。惡乃傾險之尤，然不曰“惡”而曰“恥”者，惡不足以蔽其情態也。

顏淵季路侍子曰盍各言爾志　章

顏淵、季路侍。子曰：“盍各言爾志？”子路曰：“願車馬、衣輕裘，與朋友共，敝之而無憾。”顏淵曰：“願無伐善，無施勞。”子路曰：“願聞子之志。”子曰：“老者安之，朋友信之，少者懷之。”

仁者，以天地萬物爲一體，人我分而仁道失矣。子路公物，顏子共善，然不觀孔子，不見造物之大也。老安、友信、少懷，萬物各得其所。

子曰已矣乎吾　章

子曰：“已矣乎！吾未見能見其過而内自訟者也。”

訟者必求勝而後已，見其過而內自訟神明，默自搥鍊，未有不勝者也。人恒過，然後能改，一日無過，一日無進境，此皆精心淬礪之言。人不幸不見過，再不幸不聞過。見矣聞矣，又不能改過。不改過必護過，護過必文過。沈錮之久，遂自視以爲無過，冥然悍然，任己以逞，終於自戕而已矣。夫孔子以上聖而期無大過，伯玉以賢者而寡過未能。今之無過者何多也！

先軫免胄陷敵，古人自訟其過，有如斯乎？孫子云：“吾門中如湯孔伯之端亮、趙寬夫[一]之善補，求諸古人中亦不多得。”①能訟斯能補矣。寬夫嘗云：“垂名千古易，無愧一心難。”②可想見其真誠，足爲後學楷模。

【注】

[一]趙寬夫：趙御衆，字寬夫，號惕翁、龍坡居士、超化老人等。清樂城（今屬河北唐山）人，世家子。後以避亂，移居密縣超化寨（今河南新密市超化鎮）。無意仕進，善經史，工詩文，尤長行楷。順治十七年（1660）從孫奇逢受業，追隨二十年。以講學著書爲務。子廣義早卒，遺有一女，嫁禹州馬燿。趙氏晚年依孫女居，親課外曾孫季吳，盡授其學，再傳而至平泉。著有《弗措錄》《困亨錄》《徵君先生考終錄》，輯孫奇逢《夏峰問答》，與湯斌、魏一鼇、耿極撰《徵君孫先生年譜》等。後平泉又整理趙氏遺稿，爲之輯成《山曉堂詩集》。

子曰十室之邑必有忠信如丘者焉　章

子曰：“十室之邑，必有忠信如丘者焉，不如丘之好學也。”

---

①　孫奇逢《日譜》光緒十一年刻本卷三三《懷友詩》有“端亮曰孔伯，當仁不肯避”“寬夫善補過，力爲明學地”。
②　出陸游詩《遣興》。“一心”，一作“寸心”。

勉强學問，則進於高明；勉强力行，則日進而大有功。皆所謂學也。自古美質多無成者，不學也。

芸芸者志意不立，大率以生以食，苟且旦晚耳。平居粗亦自適，小值得失，即復紛紜。故人必不可不學。學也者，貞夫遇而一者也。

論語義疏卷六

子曰雍也可使南面　章

子曰:"雍也可使南面。"

仲弓問子桑伯子。子曰:"可也簡。"

仲弓曰:"居敬而行簡,以臨其民,不亦可乎? 居簡而行簡,無乃大簡乎?"子曰:"雍之言然。"

南面,臨民聽政之所。使者,君使也。孫子曰:"'可使'句已拈出居敬矣,'可也'句已掃却太簡矣,但含而未露耳。仲弓識得此意,重發一番,深合夫子之心,故曰'雍之言然'。伯子不是等閑人,亦是以其道易天下者,非不簡,乃太甚耳,後來流弊不小。"①按:伯子覷破周末文勝一切繁碎,而欲力矯之,豈不是好?但欲矯其末而不固其本,如之何其可? 王安石[一]憂宋之弱,糾之以強,欲以震厲外内。譬彼樹木,日尋斧柯,本末俱傷,求如前之厭厭者亦不復得。爲政有體,實難爲瞥者道。仲弓之言,絕頂識力,夫子聞之,喜可知也。鹿氏曰:"所居既別,則所行之簡亦

<hr>

① 見孫奇逢《晚年批定四書近指》卷五。孫著"發"作"闡發","非不簡,乃太甚耳"作"不是不簡,是太甚耳"。

別星淵，未可謂居異而行同也，即此見天德王道衹一事。"①按：此兩"而"字作"以"字解，是合并語。

【注】

[一]王安石：字介甫，號半山，北宋撫州臨川（今江西撫州）人。熙寧三年（1069）爲宋神宗拜相，主持變法，改革財政、軍事制度，以改變國家貧弱的狀態，富國强兵。後變法失敗。平泉認爲王安石的變法對百姓盤剥過甚，富國貧民，無濟根本，最終本末俱傷。

哀公問弟子孰爲好學　章

哀公問："弟子孰爲好學？"孔子對曰："有顔回者好學，不遷怒，不貳過。不幸短命死矣。今也則亡，未聞好學者也。"

七情惟怒難制。過者，人所時有。不遷者，不離其性之本體而遷於物。不貳者，不以一念之偶疏而復見於行。此非精心以察其機、實力以遏其萌不能也，故稱好學焉。抑吾因之有感也，曰："嗚呼！聖門之所謂學也如是夫！聖門之所謂好學也如是夫？今之所謂學者大抵曰讀書耳，所謂好學者大抵曰勤讀書耳。不學者既以爲不明於理，自絶於聖賢之途；而好學者亦不過咿唔佔畢，長傲遂非，浮沉故紙堆中。古之學者於性日近，今之學者於性日遠。古之學者簡而實，今之學者繁而荒。學術不明，聖道日益蓁塞，悠悠逝波，其有極乎！則何不取聖門所謂學、所謂好學者而反覆深思之也。"

不遷怒，其性定矣。推之，即舜之所以待四凶。不貳過，

① 見鹿善繼《四書説約》卷六。鹿著"別"作"判於"，"衹一事"作"衹是一事"。

其過寡矣。進焉，即孔子所以假年學《易》。萬聖千靈，從此領取。

程子[一]曰："人情易發而難制者，惟怒爲甚。第能於怒時遽舍其怒，而觀理之是非，於道思過半矣。"①按：此所以不遷怒也。循斯言也，咎安從生？

先儒謂學以至乎聖人之道。聖人自聖，人如何學而至？所謂學者，第於日用常行上俯首帖心，綿綿不已，由狹漸廣，由粗漸精，由生漸熟，而聖人之道亦不外是矣。若著意學聖人，則其心已馳，是外之也，往往秖成多事。是故學聖人者，失聖人也。

宋胡安定[二]掌國子監，以"顏子所好何學論"試諸生。此大異事。夫子明云不遷怒不貳過，尚須問耶？抑以夫子所云未足爲好學，而別有所謂學耶？

龍溪王氏[三]曰："遷與止對，貳與一對。顏子之心常止，故能不遷；常一，故能不二。所謂未發之中也。"②愚謂："心本止，怒則遷；本一，過則貳。不遷不貳，則常止常一矣。"龍溪以爲未發之中，而和在其中矣。廓然而大公，物來而順應。先儒謂明道不減顏子，故是同揆。

【注】

[一]程子：此指程顥，字伯淳，號明道，北宋河南府洛陽（今河南洛

----

① 《朱子語類》卷九十五："人情易發而難制者，惟怒爲甚。惟能於怒時遽忘其怒，而觀理之是非。……明道云：'人能於怒時遽忘其怒，亦可見外誘之不足惡，而於道亦思過半矣。'"

② 周汝登輯《王門宗旨》卷十二："遷與止對，貳與一對。顏子心常止，怒即旋釋，故能不遷，猶無怒也。心常一過即旋改，故能不貳，猶無過也。先師謂：有未發之中始能若此。"

陽)人。神宗時官至監察御史。其學以"理"爲世界的本源，認爲"天人本無二""理與心一"，主張節制欲望，維護綱常秩序。

〔二〕胡安定：胡瑗，字翼之，北宋泰州如皋(今江蘇如皋)人。仁宗時官至天章閣侍講，曾主持蘇州州學、湖州州學、國子監。祖居陝西路安定堡，因此世稱安定先生。主張"以仁義禮樂爲學"，講求"明體達用"，集講學、著述、踐行於一身，開宋代理學先聲。著有《尚書全解》《春秋要義》《周易口義》等。

〔三〕龍溪王氏：王畿，字汝中，號龍溪，明紹興府山陰(今浙江紹興)人。嘉靖時曾任兵部主事，後爲内閣首輔夏言斥爲"僞學"，稱病歸，在江、浙、閩、越等地講學終身。他係陽明弟子，其學以"四無"爲核心，認爲心、意、知、物四者祇是一事，若悟得心是無善無惡之心，則意、知、物皆無善無惡。主張從先天心體上立根，不注重"致良知"功夫，有比較濃厚的佛老色彩。後人輯有《王龍溪先生全集》。

子華使於齊　章

子華使於齊，冉子爲其母請粟。子曰："與之釜。"請益。曰："與之庾。"冉子與之粟五秉。子曰："赤之適齊也，乘肥馬，衣輕裘。吾聞之也，君子周急不繼富。"

原思爲之宰，與之粟九百，辭。子曰："毋！以與爾鄰里鄉黨乎！"

不當與，靳之而不爲吝；當與，强之而不爲傷惠。此天則也。要皆尋常應付，但明白不執一耳。觀此，知聖人與人近。

子謂仲弓曰犂牛之子　章

子謂仲弓，曰："犂牛之子騂且角，雖欲勿用，山川其舍諸？"

安有稱其子，而比其父爲犂牛者？幼讀此，大疑之。及見尤西川語，乃復灑然。尤西川曰："犂牛之喻，教仲弓立賢無方也，非論仲弓也。"①按：此言蓋在仲弓問政之後，繼舉知而推論之。

子曰回也其心三月不違仁　章

子曰："回也，其心三月不違仁，其餘則日月至焉而已矣。"

仁遠乎哉？聖人一呼，及門胥覺。但造詣有淺深耳。顏子幾與仁爲一，其餘亦時至焉。不違者，全體之湛然。日月至者，天機之自復。

季康子問仲由可使從政也與　章

季康子問："仲由可使從政也與？"子曰："由也果，於從政乎何有？"曰："賜也可使從政也與？"曰："賜也達，於從政乎何有？"曰："求也可使從政也與？"曰："求也藝，於從政乎何有？"

不果則事壅滯，不達則事窒塞，不藝則事困束。果、達、藝，皆從政實用。彼康子者，亦惡知夫三子之確乎各有以自見，而敷政優優[一]也。

世儒先議論，好尚玄微，不切事要，大率置若弁髦[二]矣，遂使蒼荒者揮霍增氣。果、達、藝，皆實學實用。此道若明，彼蒼荒者當自見其疏。

---

①　見孫奇逢《四書近指》卷六所引。

【注】

[一] 優優：寬大平和貌。

[二] 弁髦：弁，黑色布帽；髦，童子下垂至眉毛的頭髮。古代男子行冠禮，先加緇布冠，次加皮弁，後加爵弁，之後即棄緇布冠不用，并且剃去垂髦，理髮爲髻。因以“弁髦”喻棄置無用之物。

季氏使閔子騫爲費宰　章

季氏使閔子騫爲費宰。閔子騫曰：“善爲我辭焉！ 如有復我者，則吾必在汶上矣。”①

伯牛有疾子問之　章

伯牛有疾，子問之，自牖執其手，曰：“亡之，命矣夫！ 斯人也而有斯疾也！ 斯人也而有斯疾也！”

鹿氏曰：“一通玩來，不衹得伯牛之爲人，宛然見夫子於周旋嘆息之間。”②

子曰賢哉回也一簞食　章

子曰：“賢哉，回也！ 一簞食，一瓢飲，在陋巷。人不堪其憂，

---

① 此章平泉無義疏。

② 見鹿善繼《四書説約》卷六。鹿著作：“一通玩來，不直得伯牛之爲人，眼中宛宛然看得見個活夫子於周旋嘆息之間。”

回也不改其樂。賢哉，回也！"

夫子嘗曰："知之者不如好之者，好之者不如樂之者。"子貢其知之者乎？曾子其好之者乎？樂之者，顏子也。

周子每令學者尋孔子、顏子樂處，所樂何事，曰"處定不是撮空[一]"，曰"事定不是逸獲[二]"。然向來未聞確義。竊以謂所謂處者，仁也，性之德也。其事則孔之發憤、顏之不惰也，皆時習也。孟子以反身而誠爲大樂，可以參觀而益得。要之，聖賢必不害心疾。此語於極寬皮[三]處，打屏[四]出尋樂要義，最見肯綮。或曰："曹村決，京師可虞。程子謂：'臣子之分，身可塞亦塞之。'[五]此亦尋樂否？"曰："不如是則不樂。"

【注】

[一]撮空：無中生有。

[二]逸獲：不勞而獲。

[三]寬皮：不着邊際。

[四]打屏：收拾，清理。

[五]"曹村決"句：程顥任鎮寧軍節度判官時，當地發生洪水，曹村堤決。他對同僚劉渙說："曹村決，京城可虞，臣子之分，身可塞亦爲之。"

冉求曰非不說子之道　章

冉求曰："非不說子之道，力不足也。"子曰："力不足者，中道而廢。今女畫。"

此與旅泰山見求也之退。

張惕庵曰："子之道，聖學之全體大用也。言非不從事於博文，而天地民物之故、禮樂器數之繁，實不足以會其通；非不從事於約禮，而視聽言動之節、經權變化之交，學不足以協其矩。此之謂力不足。"①

女爲君子　章

子謂子夏曰："女爲君子儒，無爲小人儒。"

儒從人從需，言爲人所需也。君子小人以位言，君子儒學在天地民物，小人儒區區自完而已。明之儒者以青田[一]爲冠，姚江[二]其嗣音也。夫儒貫三才而一之，宰制世變，爲群生所托命，得志則道行於天下，不得志則修明其學，昭示來兹，豈易言哉？

【注】

[一]青田：即劉基。劉氏爲浙江青田（今浙江文成）人，因此世以"青田"稱之。

[二]姚江：即王陽明。因王氏爲浙江餘姚人，餘姚有姚江，故有此稱。

子游爲武城宰　章

子游爲武城宰。子曰："女得人焉爾乎？"曰："有澹臺滅明者，行不由徑，非公事，未嘗至於偃之室也。"

古者鄉舉里選。子游武城宰，正州長鄉大夫之任，有選士之責，故夫子以得人爲問。滅明一種風操，世俗所共奚落。非子游，誰復於冷處開眼？

---

① 見張甄陶《四書翼注論文》卷一〇。張著"言非不從事於博文"作"言求非不從事於博文"，"實不足以會其通"作"識不足以會其通"，"非不從事於約禮"作"非不欲從事於約禮"。

子曰孟之反不伐　章

子曰:"孟之反不伐,奔而殿。將入門,策其馬,曰:'非敢後也,馬不進也。'"

師徒撓敗,國辱君憂,愧耻之弗暇,何忍言功? 此人之本心也。然悻悻者能如是乎? 故夫子表其不伐。高中炫[一]曰:"之反分明是以敗軍憂主爲辱,不敢以後殿爲功。若云自掩其功,乃詭情要譽也,不情甚矣。"①

【注】

[一]高中炫:即高拱。本號中玄,避康熙帝玄燁諱改字。生平見卷一"子曰父在觀其志"章注。

子曰不有祝鮀之佞　章

子曰:"不有祝鮀之佞,而有宋朝之美,難乎免於今之世矣!"

觀時尚如此,滅明岳岳,足爲洪流一砥。

孫子曰:"好譽悦色,世道江河,不知投世之資,總皆喪心之事。學者鑑此。"②

_____

① 原文見高拱《高文襄公集》卷四〇《問辯録·論語》。平泉係轉引自陸隴其《四書講義困勉録》。陸著乾隆刻本卷六作:"高中玄曰:'此要識之反分明是以敗軍憂主爲辱,不敢以後殿爲功,故其言如此。自掩其功是就別人説,他有心自掩其功是詭情也,是要譽也,不情甚矣。'"平泉引文爲陸氏撮高語之要。

② 見孫奇逢《四書近指》卷六。孫著作:"好諛悦色,世道江河。不知投世之資總皆喪心之事。此與上章爲法爲戒,學者鑒兹。"

子曰誰能出不由户　章

子曰：“誰能出不由户？何莫由斯道也？”

是非之心，人皆有之。人生是非兩途，出彼入此。由道如由户，無弗知，無弗能，但爭由與不由耳。由户不由道，真不可解。

道原於性，因人而殊。人以事殊，事以時殊。辨而無疑爲知道，率循不息爲行道。“誰能出不由户？何莫由斯道也？”非真知道者，烏能信聖人之言，而見道之略無異於户乎？

道何以不可須臾離？可離何以非道？今比道於户，益親切矣。然有知之而弗行者矣，有行焉而弗知者也。其他牛鬼蛇神，縱橫白日，芒芒一望，黄霧彌天，斯古人所以歌青衿也。

子曰質勝文則野　章

子曰：“質勝文則野，文勝質則史。文質彬彬，然後君子。”

鹿氏曰：“彬彬不落畦徑，爲文爲質，意象兩忘，貴多貴少，抽添無定，總是一個機緘，非截然二物强揉一處也。渾脱實意，淋漓宣鬯，無不傳貌之情，亦無不根情之貌。”①

---

① 見鹿善繼《四書説約》卷六。鹿著作：“彬彬，非質七文三之説文也。有該多時候，此間有個活法，不落畦徑。爲文爲質，意象兩忘，貴多貴少，抽添無定，總是一個機緘，原非截然兩樣物而强揉一處也。渾脱實意，淋漓宣鬯，絶無不傳貌之情，亦絶無不根情之貌。”

人之生也　章

子曰："人之生也直，罔之生也幸而免。"

直者，人之生理。生理既失，枵然虛質徒存，是亦徼倖於不死而已，生猶死也。鹿氏曰："赤子之心不失，則生者常生；夜氣之心不失，則罔者可復生。罔，指機智人神出鬼没，猥自得意，都是自己斷滅生機。"①

子曰知之者不如好之者　章

子曰："知之者不如好之者，好之者不如樂之者。"

苟志於仁，知之者也。智者利仁，好之者也。仁者安仁，樂之者也。

子曰中人以上可以語上也　章

子曰："中人以上，可以語上也；中人以下，不可以語上也。"

予懷若揭，逢人欲盡。然惟中人以上，乃可語上。若中人以下而遽語以上，非茫蕩而無着，則扞格而難通，不但無益，直誣之耳。止可因其材質，而語以其所能及，則彼有著力之地，從此勉

---

① 見鹿善繼《四書説約》卷六。鹿著作："赤子之心不失，則生者嘗生。夜氣之心不失，則罔者可復生。'罔'字指機智人説神出鬼没的本領，都是自己斷送，生機盡滅，猶自得意。"

循不已，所謂上者，亦漸可及矣。

樊遲問知子曰務民之義　章

樊遲問知。子曰："務民之義，敬鬼神而遠之，可謂知矣。"問仁。曰："仁者先難而後獲，可謂仁矣。"

夫捨昭昭而事冥冥，必其心有所惑而然。凡人所當爲之事，皆其心之所不容已，方爲之而即計其所得，則經營無非私意，豈仁者之用心？夫子與人言仁知各殊，皆平實真切，隨問取益，當下即下手時。

子曰知者樂水仁者樂山　章

子曰："知者樂水，仁者樂山；知者動，仁者静；知者樂，仁者壽。"

智、仁皆性也，動、静分，遂各耑其主名。山、水，動、静之所自得也；樂、壽，動、静之所自招也。孫夏峰謂："人一日間觸目即非順適。"[①]愚謂即順適中亦有拂逆，若節節相校，真僶焉不能終日矣。一眼覷破，便都豁然别開妙趣。明道言聖賢必不害心疾，正好從此領取。百年旦夕，其與幾何？惟知者乃能樂耳。

① 傳本未見。

齊一變至　章

子曰："齊一變，至於魯；魯一變，至於道。"

魯爲齊弱久矣，其弱處即其勝處。聖人經綸在手，其緩急難易之故，別其識力，思之爛熟。譬之於醫，二國皆不足之症，元氣有虧當補，然清也先之，補也後之。齊有邪熱，多清一層工夫，然後可與魯同補耳。補者，復周公、太公之道是也。

觚不觚觚　章

子曰："觚不觚，觚哉！觚哉！"《宣和博古圖》[一]説酒器在夏曰琖、商曰斝、周曰爵。琖字從淺，欲其適可。斝，兩口，戒喧嚚。爵從小鳥，欲其取小。張惕庵云："以此推之，觚制有棱，戒其持廉隅，無迷亂於酒。德音從孤，蓋欲其和而不流，勿群飲也。"①

觚與觶羊，皆實去名存。然彼不勝其鄭重，而此不免於奚落者，事大則隱之而喜其名之存，事小則發之而傷其實之亡。

【注】

[一]《宣和博古圖》：宋代的金石學著作，三十卷，收錄宋代皇家於宣和殿收藏的商代至唐代的青銅器八百三十件。

---

① 見張甄陶《四書翼注論文》卷十。平泉所引有改動。張著作："《博古圖》説酒器，在夏曰琖，在商曰斝，在周曰爵。琖字從淺，欲其適可。斝字兩口，戒喧嚚。爵從小鳥，欲其取小。以此推之，觚制有棱，戒其持廉隅，勿迷亂於酒。德音從孤，欲其和而不流，且勿群飲。"

宰我問曰仁者雖告之曰　章

宰我問曰：“仁者，雖告之曰‘井有仁焉’，其從之也？”子曰：“何爲其然也？君子可逝也，不可陷也；可欺也，不可罔也。”

道之不道也，自好者往往力致於艱苦，惟恐不盡，務期有以大異於人人：證父以爲直[一]，避兄以爲廉[二]，剖腹以爲忠[三]，埋兒以爲孝[四]，縶子以爲義[五]，抱橋以爲信[六]。逆情拂性，各極其致，而天地廣大易簡，氤氳之機或幾乎息。不謂宰我親炙聖人，而有從井救人之問，非夫子孰裁正之？

【注】

　　[一]證父以爲直：以告發自己父親的罪過爲正直。出《論語·子路》：“吾黨有直躬者，其父攘羊，而子證之。”

　　[二]避兄以爲廉：指戰國時陳仲子避開巨富的兄長，以保持自己的廉潔一事。《孟子·滕文公下》：“仲子，齊之世家也，兄戴，蓋祿萬鐘。以兄之祿爲不義之祿而不食也，以兄之室爲不義之室而不居也，辟兄離母，處於於陵。他日歸，則有饋其兄生鵝者，己頻顣曰：‘惡用是鶃鶃者爲哉？’他日，其母殺是鵝也，與之食之。其兄自外至，曰：‘是鶃鶃之肉也。’出而哇之。”

　　[三]剖腹以爲忠：指唐代武則天時期的樂工安金藏剖腹以證明太子李旦的忠誠一事。《新唐書》卷一九一《安金藏傳》：“安金藏，京兆長安人，在太常工籍。睿宗爲皇嗣。少府監裴匪躬、中官范雲仙坐私謁皇嗣，皆殊死。自是公卿不復見，惟工優給使得進。俄有誣皇嗣異謀者。武后詔來俊臣問狀。左右慘楚，欲引服。金藏大呼曰：‘公不信我言，請剖心以明皇嗣不反也！’引佩刀自剔，腹中腸出被地，眩而仆。后聞大驚，輿致禁中，命高醫內腸，褫桑紝紩之，閱夕而蘇。后臨視嘆曰：‘吾有子不能自明，不如爾之忠也。’即詔停獄。睿宗乃安。”

　　[四]埋兒以爲孝：指晉代郭巨埋兒奉母事。《晉書》卷八八《孝友傳·郭巨傳》：“郭巨，家貧。有子三歲，母嘗減食與之。巨謂妻曰：‘貧乏不能供母，子又分母之食，盍埋此子？兒可再有，母不可復得。’妻不敢違。巨遂掘

坑三尺餘，忽見黄金一釜，上云：'天賜孝子郭巨，官不得取，民不得奪。'"

［五］繫子以爲義：指西晋時曾任河東太守的鄧攸在逃難路上爲保護弟弟的兒子，把親生兒子繫在樹上抛棄的故事。《晋書》卷九十《良吏傳·鄧攸傳》："石勒過泗水，攸乃斫壞車，以牛馬負妻子而逃。又遇賊，掠其牛馬，步走，擔其兒及其弟子綏。度不能兩全，乃謂其妻曰：'吾弟早亡，惟有一息，理不可絶，止應自棄我兒耳。幸而得存，我後當有子。'妻泣而從之，乃棄之。其子朝棄而暮及。明日，攸繫之於樹而去。"

［六］抱橋以爲信：指尾生與人約會，寧死不失信事。見《莊子·盜跖》："尾生與女子期於梁下，女子不來，水至不去，抱梁柱而死。"

子曰君子博學於文　章

子曰："君子博學於文，約之以禮，亦可以弗畔矣夫！"

畢竟以尊德性爲主，而道問學者，尊德性之條件也。觀於此章，益信。約之者，不支離之謂。遠紹旁搜，見聞知識，悉收納於吾性吾命至微密處，準而實踐之於日用行習間，知明處當，其學勤矣，然乃自明而誠之事，故曰"亦可以弗畔矣夫"。弗畔，謂不失乎中庸之道。顏子所謂循循善誘，以此發聖人之蘊者，顏子此其選也。博學以求其精，約禮以致其一，惟精惟一，允執厥中，堯舜禹之所以相授受也，道歸尼山。

道之失也，英雄豪傑與庸夫俗子大略相半，然有時英傑之振策，猶不如庸俗之安步者，則静躁之殊也。夫殉名之過，烈士捐軀；殉義之過，君子滅頂。

子見南子子路不説　章

子見南子，子路不説。夫子矢之曰："予所否者，天厭之！天

厭之!"

古者,事於其國有見其小君之禮。南子請見而見之,此應酬尋常事。夫子無所異於人,人而有異於子路,其不悅也得在此,其不違處亦在此。夫子不自白其所以然,第囮囮矢之以天,絕不沾帶,令其深思默會。此聖人最直爽、最謹密處,消却許多孟浪。

子曰中庸之爲德也　章

子曰:"中庸之爲德也,其至矣乎! 民鮮久矣。"

中庸,人人皆能知,人人皆能行,無如人人皆不知,人人皆不行,故聖人嘆其爲德之至,而惜民之鮮能也。民即芸芸之衆,今若呼民而與之言中庸之德,必大致訕笑,詎知中庸爲庸夫愚婦之日用而不可違者乎? 如何如何。一事有一事之中庸,一時有一時之中庸,一人有一人之中庸,大小不相蒙,前後不相沿,彼此不相襲,恰好處即中庸,其致一也。

古聖相傳曰中,孔子曰中庸。不庸則不中,素隱行怪是也。

中者,庸也。庸,平常也。人惟不甘平常,枝節出矣。堯舜與人同,人惟不甘與人同,繁難見矣。是皆私心。夫道若大路,令其云何?

繫中以庸,庸爲平常。平常故易,天之道也。後儒往往力明夫人之所難。難斯高矣,然俗變益偷,至於泯泯棼棼,人無以力矯其所難,欲以巨石砥頹波之東注,所以用心良苦,故亦足使人感嘆無窮。

記者叙中庸章於觚不觚、見南子諸章間,豈無意乎? 觚不觚,磨棱從井救人愚,子路崖岸博施濟衆難,惟聖人到至當處。中庸者,事之至當處也,人人之所宜。然合之則得,不合必失。

合則吉，不合則必凶。觀於古今得失吉凶之林，而中庸之道亦可見矣。

子貢曰如有博施於民　章

子貢曰："如有博施於民而能濟衆，何如？可謂仁乎？"子曰："何事於仁，必也聖乎？堯舜其猶病諸！夫仁者，己欲立而立人，己欲達而達人。能近取譬，可謂仁之方也已。"

子貢深知仁道之大，以爲至難。夫子急折之以平易之道、直捷之方，不必求仁於遠，是即中庸之德之所有事也。立人達人，蓋仁者以天地萬物爲一體，動念即徹實，莫能遏諸未反而效之浮也，故又言仁之方。

論語義疏卷七

子曰述而不作　章

子曰:"述而不作,信而好古,竊比於我老彭。"

刪定纂修皆述也,然其功實倍於作。夫子豈不自知? 觀其辭,抑何其沖虛也。

子曰默而識之　章

子曰:"默而識之,學而不厭,誨人不倦,何有於我哉?"

默而識之,不言而存諸心也。不厭不倦,時習也。羅念庵曰:"學之在己者,既不可以見解議論抵擋支吾;其推以教人者,亦不容以見解議論鼓舞興發。所令反所好,民且不從,況士人乎? 精神感召,有不待言說而亹亹者。此則誠動於此,而機應於彼。教之不倦,乃學之不厭者致然,非有二事也。"[1]按:聖語意

---

[1]　羅洪先《念庵文集》卷三《答胡督學》:"學之在己者,既不可以見解議論抵當支吾;其推以教人者,亦不容以見解議論鼓舞興發。即能鼓舞興發,所令反所好,民且不從,況士人乎? 精神感召,有不待言說而亹亹焉者,此則誠動於此,而機動於彼。教之不倦,乃學之不厭者致然,非有二也。"

平。念庵歸重學識，足與相發，所謂默而誠之，不言而信，存乎德行也。念庵之學，處處真切着己，於此亦見一斑。

子曰德之不修　章

子曰："德之不修，學之不講，聞義不能徙，不善不能改，是吾憂也。"

不修則德必失，不講則學必差。不徙義，安於不義；不善不改，將以惡終。故聖人以爲憂。

英靈汩沒，爲瘲爲痺，群言淆亂，燕趙分馳，故學爲貴。學尤不可不講，若泬泬焉藉以資口耳、逞意見，其爲淆亂也大矣。

新法[一]行，小人訌於野；三黨分[二]，君子訌於朝。內外交訌，宋其殆哉！夫誤人家國，不必皆庸人僉夫。自古英異之流，往往爲禍尤烈，此其間爭毫厘耳。斯虞廷所以致戒於人心惟危，尼山可以致憂於學之不講也。

至介甫文學高天下，以執拗敗，流毒無窮，不講學之過也。歿封王，高陪孔庭，適重其罪云。非常人用舍，自關數千萬生靈。

【注】

[一]新法：指北宋神宗時期王安石（字介甫）所變新法。新法包括財政方面的均輸法、青苗法、市易法、免役法、方田均稅法、農田水利法；軍事方面的置將法、保甲法、保馬法等。

[二]三黨分：王安石變法遭到以司馬光爲代表的衆多大臣反對。哲宗元祐元年（1085），始終反對變法的神宗母親高太后垂簾聽政。在她的主導下，盡廢新法。元祐八年（1093）哲宗親政，支持變法的章惇拜相，在次年也即紹聖元年（1094）恢復王安石新法中的免役法、保甲法、青苗法等。支持王安石與支持司馬光的官員分別被稱爲熙寧黨人、元祐黨人，加上章惇派官

員，三派人馬每到得勢的時候，就極力打擊異己，朝廷政令因之反復變化。

子之燕居　章

子之燕居，申申如也，夭夭如也。
此於燕居之容，寫聖人之中庸。

甚矣吾衰　章

子曰："甚矣吾衰也！久矣吾不復夢見周公。"
壯志未酬，年已衰老，俯仰身世，慨息良深。

志於道據　章

子曰："志於道，據於德，依於仁，游於藝。"
孫子曰："志據依游，正學者用功字面。夫子自'志學'至'從心'，一生作此功課。此外原無可用心處，此内原無可住足處。"①

子曰自行束脩以上　章

子曰："自行束脩以上，吾未嘗無誨焉。"

---

①　見孫奇逢《四書近指》卷七。

欲立立人，欲達達人。誰不在聖人欲誨中？然非自行束脩以上，則情不足以相入，而分不足以相臨，故亦無如之何。

束則不自暴矣，自脩則不自棄矣。孔孟之言反正相發，其義一也。

子曰不憤不啓不悱不發　章

子曰："不憤不啓，不悱不發，舉一隅不以三隅反，則不復也。"

此於上章又轉出一義，見雖未嘗無誨，而亦有不可誨者。一無志，一下愚，欲人淬礪以爲受教之地。

聖人愛人之心，温然無不至，然到無可如何處，亦祇可縮手，就間人我悠悠，風月瀟灑。故聖人之力，外以捲舒萬古之事業而有餘，內以捲舒一身之性情而無不足。

孔子在陳，道不行而發思歸之嘆，及門多材，興復不淺。若"外既莫宗，歸復如此"章所云，亦且奈何？曰："此亦何傷於仲尼？然必無之事也。"

子食於有喪者之側　章

子食於有喪者之側，未嘗飽也。子於是日哭，則不歌。

孫子曰："哀樂皆情也，聖人中節而已。然樂可以驟哀，哀不可以驟樂，故不能歌。此中有天則焉，學者莫輕看過。"①

---

① 見孫奇逢《四書近指》卷七。孫著"中節而已"作"中節焉而已"。

用之則行　章

　　子謂顏淵曰："用之則行，舍之則藏，惟我與爾有是夫！"子路曰："子行三軍，則誰與？"子曰："暴虎馮河，死而無悔者，吾不與也。必也臨事而懼，好謀而成者也。"

　　聖門諸賢，當仁不讓，觀摩相長，稱顏子所以激勵及門。孫子曰："行者行其所藏，藏者藏其所行。此內聖外王之學。子路未及此，故裁以'臨事而懼，好謀而成'，正是用行舍藏之人。顏子之行，從克己如愚中看出他研幾觀變之妙。簞瓢陋巷，藏禹稷事業在。"①又曰："大聖人用舍，亦不在人。用即我自己之用，轍環道路皆用也；舍亦我自在之舍，刪述纂修皆舍也。霽行潦止，變化從容，此無他，先有其具故也。'行軍'一段，實與行藏無干。'臨事'二語，亦非獨子路。針砭行藏有個先資，兵法亦須素熟，正見我輩精神性命在一切事物之先。"愚謂：嘉兵[一]者，不祥之器，必不得已而用之，懼以終始。自古好戰者，其國必亡。戰不可好，謀不可不好。事必好謀而後成，謀非至靜不能立，兵者以至靜御至動者也。六經自具戰勝之略，諸子論兵，特其餘緒。腐儒不知合變，襲故蹈常，動致敗衄。彼於聖人妙用，故未夢見。

　　人各有所圖，圖理者惟其是而已，圖功者惟其濟而已，圖氣者不顧是非，不顧濟否，冥然以逞，無不敗也。是暴虎馮河之說也。

　　後世士大夫尚氣加以近名，故事多決裂，此亦暴虎馮河者類

---

　　①　見孫奇逢《四書近指》卷七。孫著作："行者行其所藏，藏者藏其所行，此內聖外王之學也。故獨以是許顏子。子路勇者，原不是此種學問。故裁之'臨事而懼，好謀而成'，正是用舍行藏之人。顏子終日，從何處討一個行來？夫子正就克己如愚中看出他研幾觀變之妙，簞瓢內却藏禹稷事業在。"

與？其極也，決裂於生死之際。

吳越、楚漢之際，觀其攻戰方略，可謂出奇無窮。主其謀者，范子[二]、留侯[三]也。世愈變，策愈奇。青田、姚江，抑又異矣。

【注】

[一]嘉兵：即佳兵。“夫佳兵者，不祥之器”，出王弼本《老子》第三十一章。據馬王堆漢墓帛書本《老子》當爲“夫佳兵者，不祥之器”，“佳”通“惟”。王本“佳”爲“佳”之形訛。

[二]范子：范蠡，春秋時越王勾踐的謀臣，幫助勾踐滅亡吳國、復興越國，功成之後隱退，不知所終。

[三]留侯：張良，漢高祖劉邦的謀臣，輔佐劉邦統一天下，封留侯。西漢立國後即稱病不出。後又出奇謀穩定太子劉盈的地位。在劉邦剷除其他開國功臣的時候，他能夠安然無恙。

子曰富而可求也　章

子曰：“富而可求也，雖執鞭之士，吾亦爲之。如不可求，從吾所好。”

若可求而不爲，猶未免矯爲清高，曲明其不可求，雖爲之而無益，則何如隨所自便之爲得乎？至於富，原不當求，豈論可不可？便是寬皮語，不醒人心，聖人言不如是。

張惕庵云：“《周官》條狼氏掌執鞭以辟除行人，王出入八人，公六人，侯伯四人，夾道傳呼，較之抱關擊柝者，勞且辱矣，有道者之所不屑。其職下士，故云執鞭之士。”①若云爲人僕御，立言

---

① 見張甄陶《四書翼注論文》卷十一。張著“辟除”作“趨辟”，“有道者”作“有志者”。

有體，夫子何由出此言乎？

子之所慎　章

子之所慎：齊、戰、疾。

夫子全體皆仁。仁者，天地温然生生之意，故於齋、戰、疾三者，尤其所慎。慎齋，生死也；慎戰，生人也；慎疾，生己也。孫子曰："聖人祭必受福，戰必克。"①曁一切衛生之道，迴出尋常，非人所能測。

愚觀自古兵家勝敗，衹在眼前一着，得失間要以仁義爲本。又將才不同，未有不嚴者。用人之死而忨其心，庸有濟乎？

祈寒[一]盛暑，天地偏氣也。寒恃吾陽禦，暑恃吾陰禦。伐陰剝陽，疾之圖[二]也。

戰、疾與齋同慎。古者，師簡老成，醫居上士，後世或屬之獷悍傖荒者矣。

與坐而待亡，何如伐之？此出師本意。是伐之猶冀幸不亡，即無成亦不過亡。故曰："成敗得失，未可逆睹。"②若非漢賊不兩立，舉國而輕於嘗試，是莽夫也，何以爲孔明？

曰"好謀而成"，曰"我戰則克"，戰尤夫子之所慎。蓋國之存亡，民之生死繫焉。戰以勝爲道者，重也。重則其他皆處於輕，不足計矣。宋張浚[三]符離之役輕動失律，全軍覆没，而鼻息如雷，不以屑意。論者稱其有心學，故能遇變不動。如此意是心學

---

①　此句見《禮記·禮器》："孔子曰'我戰則克，祭則受福。'"孫奇逢《日譜》卷二十五三月十五日條亦引作"孔子曰'我戰則克，祭則受福。'"

②　出諸葛亮《後出師表》："臣鞠躬盡力，死而後已。至於成敗利鈍，非臣之明所能逆睹也。"

也，宋室滅矣。

【注】

　　[一] 祈寒：大寒。"祈"通"祁"，大；盛。

　　[二] 囦：同"囚"，媒介。

　　[三] 張浚：字德遠，宋漢州綿竹（今四川省綿竹）人。北宋至南宋初年抗金名將。隆興元年（1163），宋孝宗以張浚爲都督，主持北伐。張浚命部將進據宿州州治符離（今安徽宿州）。因將領不和，各自爲戰，宋軍大敗。據羅大經《鶴林玉露》甲編卷二記載："南軒（按：張浚子張栻）言符離之役，諸軍皆潰，惟剩帳下千人。某終夕旁皇，而先公方熟寢，鼻息如雷。先公心法，如何可學？"

子在齊聞韶　章

　　子在齊聞《韶》，三月不知肉味。曰："不圖爲樂之至於斯也。"

　　《韶》雖美，一聲音間，何至三月不知肉味？蓋聞樂知政，神往虞廷之治，依然夢周公之意。

冉有曰夫子爲衛君乎　章

　　冉有曰："夫子爲衛君乎？"子貢曰："諾。吾將問之。"入，曰："伯夷、叔齊何人也？"曰："古之賢人也。"曰："怨乎？"曰："求仁而得仁，又何怨？"出，曰："夫子不爲也。"

　　爲者，非附會也，中心實以爲是也。怨者，悔而自怨也。靈公薨[一]，世子得罪於父，出亡在外，輒以長孫，國人共立以爲君，未爲不是也。掎肘之仇，晋、衛搆兵久矣。晋人乘衛之喪，假納世子爲名，實將甘心焉。糾衆拒之，亦事之當然也。社稷爲重，君爲輕。蒯聵雖已曾爲君，猶將拒之，況一亡公子乎？獨在輒則爲以子拒父，大不可耳。大抵輒之爲君，外面盡可支吾，而按之此心之良，如何能安？國不可一日無君，輒不可一日君其國。爲輒計，當國人共立時，亡人之罪，本有可原，痛哭陳請，迎立世子。其從之，幸也；不從，則捨國而奔其父。不毅然仁人孝子哉！父子之親，本於天性。輒爲人子，豈無此心？但駑馬戀棧豆，不肯捨國而逃耳。夫衛君與夷、齊之事恰相反。夷、齊非，則衛君是矣；夷、齊是，則衛君非矣。及聞“求仁得仁，又何怨”之言，而夫子之不爲衛君，不待言而決矣。

【注】

　[一]“靈公薨”句：春秋時，衛靈公的太子蒯聵刺殺靈公夫人南子失敗，出奔晋國。靈公死後，蒯聵的兒子輒即位，是爲出公（《論語》本章原文中的“衛君”）。晋國想藉送蒯聵回國之機攻打衛國，激起衛國抵抗，蒯聵也被拒絕入境。如此，形成了蒯聵與輒爭奪君位的局面。冉有、子貢都想知道孔子是否贊同衛出公。子貢藉互讓君位的伯夷、叔齊探問，確定了老師不贊同出公。

子曰飯蔬食飲水　章

　子曰：“飯蔬食飲水，曲肱而枕之，樂亦在其中矣。不義而富且貴，於我如浮雲。”

　顔子不改其樂，夫子樂亦在其中，有生熟之分，未達一間。夫子此言，非自表暴，蓋觀於外而有所大不愜於心，感而爲此言，因衛君發。

天之於人，育之以百物，敷之以仁義，皆所以樂之，少溺焉則害矣。溺於物爲愚，溺於仁義爲賢。知之遇聖人，亦天而已矣。後之爲教者，桎梏之而人益蕩，無他，勢不行也。

近讀鹿江村書，皆道其所自得，最愛其説君子所性，云：“根心生色，睟盎不言而喻，極力摹寫無勢位者之真受用。軒冕固是塵土，功名亦是浮雲。誰不由面背四體，曾受此福一日否？此章特揭性體，教大家開眼看此物。一日出頭，當時御風而行，冷然善也。自見周茂叔後，吟風弄月以歸。”①按：就此可參領吾夫子之樂。

世人貪戀富貴，只坐不能甘淡泊耳。咬得菜根斷，方做得人成。此語真不爽也。

子曰加我數年五十以學易　章

子曰：“加我數年，五十以學《易》，可以無大過矣。”

《易》者，易也，隨時變以從道也。夫事變之來無窮，出入消息之幾，進退存亡之樞，至危至微，差毫厘，謬千里。《易》爲萬世謀，曲折精到，人人可用，事事得力，較他經尤爲詳切，大概更勘進一層，確乎爲寡過之書。夫子極口贊嘆，拳拳情深。

鹿氏曰：“大過之有，從有意見者執定名理，不覺反成大過。

---

① 見鹿善繼《四書説約》卷七。平泉所引有删節。鹿著作：“根心生色，正指無勢位者之真受用説。有此個受用，故富貴固是塵土，功名亦是浮雲。先儒謂堯舜事業也祇是一點浮雲過太虚，便是此章注疏。睟盎不言而喻，極力摸寫。誰不有面背四體，曾受這福一日否，豈是色偏難生，祇是心不易根耳。此章特揭性體，教大家開眼看此物，一日出頭，當時御風而行，冷然善也。自見周茂叔以後，吟風弄月以歸。”

《易》正治此病。"①

子所雅言　章

子所雅言，《詩》《書》、執禮，皆雅言也。

《詩》《書》禮義皆平實，便於日用，故雅言之。

葉公問孔子於子路　章

葉公問孔子於子路，子路不對。子曰："女奚不曰：其爲人也，發憤忘食，樂以忘憂，不知老之將至云爾。"

葉公震慕孔子，故有是問。不對者，難言也。葉公，當時賢者。夫子不欲孤其意，又因以爲教，見無甚奇特，一生全象却已和盤托出。非聖人不能如此説。宜子路不對。

"女奚不曰"以下二十四字一氣流出，衹管憤，衹管樂也。若分既得、未得，就逐事言枝節，就一事言何時未得、何時既得、憤樂何時。古人書有必不容言詮者，神會之而已，如此類是也。神會且恐不能，得言詮乎哉？

或曰："憤然後樂。"是爲知言。蓋必有所可樂而後樂也。畫餅而食，其於樂而何有？

---

① 　見鹿善繼《四書説約》卷七。鹿著作："大過之有，從有意見者執定名理，鋭欲成大功，而不覺反成了大過。《易》之爲理，正治此病。"

子曰我非生而知之者　章

子曰：“我非生而知之者，好古，敏以求之者也。”

生知無如孔子，然亦不廢好古敏求，故聖益聖也。辭生知，自認學知，實實自道甘苦。若看作謙辭及望人語，豈未睹孔子生平耶？

子不語怪　章

子不語：怪，力，亂，神。

無益有害，故不語。

子曰三人行必有我師焉　章

子曰：“三人行，必有我師焉；擇其善者而從之，其不善者而改之。”

德無常師，主善為師。“三人行，必有我師”，說來何等真切，改不善亦善也。聖人好善，如貪夫殉財，一文不捨，錙銖必爭。

天生德於　章

子曰：“天生德於予，桓魋其如予何？”

孫子曰：“每見古人處患難時，亦常閑暇，無非以天自信，則心有主而神不亂。"①此立命之學。

子曰二三子以我爲隱乎　章

子曰:"二三子以我爲隱乎? 吾無隱乎爾。吾無行而不與二三子者,是丘也。"

此所謂身教。聖人實是無隱,實是無行不與。聖人如大造,何有一點瞞藏? 要須識得聖人無隱,人人亦皆無隱。識得時即不消説,開口見膽。道祇平鋪安放在此,眼前即是。聖人此言,爲懸空求道於微茫者發也。

子以四教　章

子以四教: 文,行,忠,信。

夫子之教廣矣,記者約而該之。文、行、忠、信雖平列,實相貫串。博學以開其途,力踐以課其實,合内外以致其誠,徹始終以要其歸。

子曰聖人吾不得而見之矣　章

子曰:"聖人,吾不得而見之矣;得見君子者,斯可矣。"子曰:"善人,吾不得而見之矣;得見有恒者,斯可矣。亡而爲有,虛而

---

① 見孫奇逢《四書近指》卷七。

爲盈,約而爲泰,難乎有恒矣。"

聖人意切,見聖遞及有恒者。恒作聖人之基,雖不及善,人由此可進於善人,進於君子,并進於聖人。而今何如哉？或曰："此聖人深慨世道,爲無恒者發,聖人、君子、善人,祇作引起,誰道都未見來。"

子釣而不　章

子釣而不綱,弋不射宿。

此偶然之事,夫子亦出於無心。門人見其如此而記之。

子曰蓋有不知而作之者　章

子曰："蓋有不知而作之者,我無是也。多聞,擇其善者而從之,多見而識之,知之次也。"

孫子曰："夫子刪《詩》《書》,訂《禮》《樂》,是擇而從；作《春秋》,是見而識。乃述而不作之疏,所以自居於學知也。"①

互鄉難與　章

互鄉難與言,童子見,門人惑。子曰："與其進也,不與其退也,唯何甚！人潔己以進,與其潔也,不保其往也。"

---

① 見孫奇逢《四書近指》卷七。

難言與不可與言異。人持一是非，志詭口硬，懵然自賢，言亦多端，橫豎無開口處：難與言。寫生可想見澆漓情態，記者想亦是大難堪在。

世間自有一等難相於①人，所謂難與言也。漫無所覺，而予智略無所得而自聖。與之言粗，則折之以精；與之言精，而又稱民之質矣。與之言虛，則折之以實；與之言實，則又稱上天之載矣。是而是之，彼不以爲是，而卒莫能得其所爲是；非而非之，彼不以爲非，而卒莫能得其所爲非。浡蕩矯戾，詡詡馳馳，陸子又謂之鈍置[一]。

【注】

[一]鈍置：折磨，折騰。原爲禪宗用語。陸九淵語見《陸象山全集》卷六《與傅子淵書》：“吾嘗謂一種無知庸人難於鐫鑿，往往累人。事楊朱則鈍置楊朱，事墨翟則鈍置墨翟。不明者往往歸咎其師，不知爲其師者，亦誠冤也！”

仁遠乎哉　章

子曰：“仁遠乎哉？我欲仁，斯仁至矣。”

人皆求仁於遠，仁遠乎哉？大聲提呼，雲開日皎，我欲仁，斯仁至矣。近莫近於此。聖人此一呼，直喚醒萬世人心。然醒者自醒，不醒者終身理障，茫若觀海。

欽明濬哲，何以與人同？禹稱神禹，何以途之人皆可以爲之？卻被孔子一語喝破曰：“我欲仁，斯仁至矣。”惟是群言淆亂

---

① “於”，原文如此，疑當作“與”。

久矣。理障不徹，此等處皆似誑語。雖匹夫匹婦，會有一念之獨覺，而聖言決不我欺。此詣自在人心，果而確無難焉，亦各存乎其志而已。

陸子謂："學問之道，勿失其本心而已。"①又謂："六經注我，我注六經。"②自謂其學一日偶讀《孟子》而得之，信然。陽明於陸子爲近，要皆原於"仁遠乎哉"之一言。嗚呼！自成湯言恒性，表章之者孔子也，最後肆力發明之者陽明也。陽明良知一呼，斯道重光。

仁者，心之理，非在外也。我疏仁，仁亦無自親我。如其欲之，則即此而在矣。孟子曰："道二，仁與不仁而已。"斯一念之動，出彼入此，幾不容髮。不欲不仁謂之仁。

癸未七月十五日，見晦翁有言曰："孟子道性善，此是第一義。若於此看得透、信得及，直下便是聖賢。"③是即欲仁仁至之旨。然何其與平生議論不類耶？其詩有云："下士晚聞道，聊以拙自修。"④據此，則傳其晚年自悔誤己誤人之言當不虛。然世之遵朱者，乃在彼不在此。

陳司敗問昭公知禮乎　章

陳司敗問："昭公知禮乎？"孔子曰："知禮。"孔子退，揖巫馬

---

① 陸九淵多次引《孟子·告子》"學問之道無他，求其放心而已矣"句。見《象山集》卷三十二"學問求放心"條及卷三十五語録等。

② 見陸九淵《象山集》卷三十四。

③ 朱熹《晦庵集》卷四十四："孟子見人即道性善、稱堯舜，此是第一義。若於此看得透、信得及，直下便是聖賢。"

④ 見朱熹《晦庵集》卷三十一。

期而進之，曰：“吾聞君子不黨，君子亦黨乎？君取於吳，爲同姓，謂之吳孟子。君而知禮，孰不知禮？”巫馬期以告。子曰：“丘也幸，苟有過，人必知之。”

居是邦，不非其大夫，況君乎？司敗何人，敢於無禮如此？夫子隨口答應，意甚不平，遂抽身退，惡無禮也。若司敗舉事以問，夫子必有以斥之矣。及聞巫馬期之告，又隨口認過，絶不及昭公事。一團啞談，令其自參。曰“止”也，幸有不幸者也。曰“苟有過，人必知之”，有不自知者也。司敗少有知識，當汗透重裘。

子與人歌而善　章

子與人歌而善，必使反之，而後和之。

聖人取善之心油油然，細大不遺。觀此使人意消。

子曰文莫吾猶人也　章

子曰：“文，莫吾猶人也。躬行君子，則吾未之有得。”

孫子曰：“文士以文爲性命，到行上多不濟事。此古人耻躬不逮也。躬行君子煞甚羡慕，未之有得，總是學爲不足意。”①

---

① 見孫奇逢《四書近指》卷七。孫著“到行上”作“到得行上”。

子曰若聖與仁則吾豈敢　章

子曰:"若聖與仁,則吾豈敢? 抑爲之不厭,誨人不倦,則可謂云爾已矣。"公西華曰:"正唯弟子不能學也。"

爲之不厭者,希聖之功;誨人不倦者,求仁之事。

子疾病子路請禱　章

子疾病,子路請禱。子曰:"有諸?"子路對曰:"有之。誄曰:'禱爾於上下神祇。'"子曰:"丘之禱久矣。"

夫子生平息息與天流通相應,即天也。"丘之禱久矣",莊語帶諧。

子曰奢則不孫儉則固　章

子曰:"奢則不孫,儉則固。與其不孫也,寧固。"

仍以約解失意,兩害擇輕。

君子坦蕩　章

子曰:"君子坦蕩蕩,小人長戚戚。"

人生境遇,順遂者絶少,尋常日用間,觸目即多拂逆。若中無以勝之,而又莫能排解之,則常徽纏坎陷中,何有片時寬舒?

故蕩蕩戚戚，一樂一苦，即人品所由分也。君子長樂，小人長苦。蕩蕩戚戚，俱就方寸中人所不見處説。

子温而厲　章

子温而厲，威而不猛，恭而安。

温，仁也，仁之失柔；威，義也，義之失猛；恭，禮也，禮之失勞。惟聖人陰陽合德，純粹至善。

論語義疏卷八

子曰泰伯其可謂至德也已矣　章

子曰:"泰伯,其可謂至德也已矣。三以天下讓,民無得而稱焉。"

泰伯之讓,精心大力,不有其德,是以民無得而稱,故稱至德焉。天倪孤呈,渣滓都盡,抑周家何其多聖也! 鹿氏曰:"讓國而言天下,以周後來有天下,而溯其前,則讓國時即讓天下也。三字活看,言固讓不一而足也。"①

子曰恭而無禮則勞　章

子曰:"恭而無禮則勞,慎而無禮則葸,勇而無禮則亂,直而無禮則絞。"

學則有禮,不學則無禮。禮者,節度也。

---

① 見鹿善繼《四書説約》卷八。鹿著作:"原是讓國,而言天下者,以周後來有天下,而溯其前,則讓國時即讓天下也。三字活看,極言固讓不一而足也。"

秉道而行而人不怡，私也。患人不怡而不行，與既行而患人不怡，亦私也。是孔子所謂蔥，尚能轉動尺寸乎？

君子篤於親則民興於仁　章

君子篤於親，則民興於仁；故舊不遺，則民不偷。

篤親，仁也；故舊不遺，義也。君仁，莫不仁；君義，莫不義。

曾子有疾召門弟子曰　章

曾子有疾，召門弟子曰："啓予足！啓予手！《詩》云：'戰戰兢兢，如臨深淵，如履薄冰。'而今而後，吾知免夫！小子！"

聖賢之道，無過平常妥帖，不涉意氣。一涉意氣，即是罟獲陷阱。曾子疾中召門弟子語，祇就保身言，而道在其中矣。非有道，烏能自免於亂世乎？曾子晚年世愈變，賢士動觸危機，非盡他人之過也。曾子此語，從"身體髮膚受之父母，不敢毀傷"來。至於偷生苟活，自有一輩人聖門思議所不及。

得失順逆，在相習不言之際。人若無德，不必天災外侮，祇此一身一家何處不病？然人心少縱即逝，德亦何可易言？是以古之賢哲，慄慄危懼，日慎一日。曾子親炙聖人，又性至篤謹，乃直至垂死而後少寬也。

孫子曰："全受全歸，曾子不知費多少心力，纔得到此。朱子疾革，門人請教，曰：'須要堅苦。'是說功夫。陽明子疾革，門人請教，曰：'此心光明，亦復何言？'是說本體。曾子之言，即本體，即功夫，和盤托出，千聖萬賢，總是了當。此件皆有得於朝聞夕死之學者也。"①

曾子有疾孟敬子問之　章

曾子有疾，孟敬子問之。曾子言曰："鳥之將死，其鳴也哀；人之將死，其言也善。君子所貴乎道者三：動容貌，斯遠暴慢矣；正顏色，斯近信矣；出辭氣，斯遠鄙倍矣。籩豆之事，則有司存。"

容色辭氣，俱就威儀上說，然非用學修恂慄之功，烏能於斯遠斯近間恰與道合？所謂動容周旋中禮者，盛德之至也。

謂門弟子語渾渾淪淪，屏出一生精神。語敬子者，是其目也。三"斯"字打合成兩"如"字。

嗚呼！此子輿氏之學也，所謂金玉君子者也，百世之宗師也。後凡言"敬"言"誠"，悉本此。

威儀所以定命能否異而福禍判焉，稽古準今，未之或爽。嘗謂劉康公明於天人之際，觀曾子語益信。

曾子曰以能問於不能　章

曾子曰："以能問於不能，以多問於寡；有若無，實若虛，犯而

---

①　見孫奇逢《四書近指》卷七。孫著作："全生全歸，不知費多少心力纔得了此一件勾當。朱子疾革，門人請教，曰：'須要堅苦。'是説工夫。陽明子疾革，門人請教，曰：'此心光明，亦復何言？'是説本體。曾子謂門弟子云云者，即本體，即工夫。和盤托出，千聖萬賢，總是了當。此件皆有得於朝聞夕可之學者也。"

不校。昔者吾友嘗從事於斯矣。"

思顏子也。孫子曰："孔子無我，顏子克己。故傳孔子之道者，顏子也。顏子没而曾子得其傳，故爲想像其夙昔克己之學，彷徨於口角之間，實所以取法於良友。此聖門師友真脉路。王龍溪曰：'有孟子之自反，然後可進於顏子之不校。'"①按：不校故不遷怒，此德量也，亦涉世之善術。

曾子曰可以托六尺之孤　章

曾子曰："可以托六尺之孤，可以寄百里之命，臨大節而不可奪也。君子人與？君子人也。"

思子路也。當侍坐言志時，分明説出托孤寄命本領。"君子人與？君子人也"，何等慨慕。子路性本剛正，加以聖人之鍛鍊，志節才猷迥出尋常。嗚呼！斯誠所謂豪傑而聖賢者與！

曾子曰士不可以不弘毅　章

曾子曰："士不可以不弘毅，任重而道遠。仁以爲己任，不亦重乎？死而後已，不亦遠乎？"

大其心之謂弘，堅其力之謂毅。非弘不足以勝道之遠，非毅不足以勝道之重。此章蓋以自勵。

---

① 見孫奇逢《四書近指》卷七。"此"，孫著作"此是"。

興於詩立　章

子曰：“興於《詩》，立於《禮》，成於《樂》。”

經之益人無窮，學者各有其所得力。其興於善也，必於《詩》也；其堅定不移也，必於《禮》也；其粹然於仁義之途而和順於道德也，必於《樂》也。

子曰民可使由之　章

子曰：“民可使由之，不可使知之。”

知生於躬行，心得所養而神明出，所以妙應萬事、宰制世道者也。不可先傳。民可使由之，不可使知之，非第不能也，實不可也。使民知，小者擾，大者賊矣。

百姓日用而不知。知，謂知其所以然之故。知之則足以操縱六合，應變無窮。此君相大人之事。

陸子之學所以不大顯於世者，以在上無主持者耳。蓋亦民可使由，不可使知之意。舒發太分明，天地猶當靳之。蓄泄撙節，天之道也。

子曰好勇疾貧亂也　章

子曰：“好勇疾貧，亂也。人而不仁，疾之已甚，亂也。”

鹿氏曰：“從來天下多事，都有消息，一到決裂，悔無及耳。見好勇而貧者，急以一官束之；不仁者，開綫路寬之，自不至亂。

此即是天地心、經綸手。"①孫子曰："作亂致亂，一由人，一由己。皆從'疾'字生來。具經世學術，必有以安頓此輩。"②

蘇東坡[一]曰："天下有三患：有內大臣之變，有外諸侯之叛，有匹夫群起之禍。此三者，其勢常相持。內大臣有權，則外諸侯不叛；外諸侯强，則匹夫群起之禍不作。今者內無權臣，外無强諸侯，萬世之後，可憂者奸民也。"③愚謂奸民不貧，猶可稍安。明季流賊之起，由於裁驛，飢民隨之，遂至不支。或云：氣節熾而東漢亡，理學盛而南宋替，明之亡也以東林。信乎！夫治朝如止水，擊之必動；衰朝如積薪，燃之即焚。自古禍患，未有不起於激者也。言之可爲酸鼻。是以聖王慎持其機焉。

【注】

[一] 蘇東坡：蘇軾，字子瞻，號東坡居士，北宋眉州眉山（今四川眉山）人。元祐初官至禮部尚書，反對新法。後新黨執政，屢遭貶謫。徽宗即位大赦，蘇軾在放還途中病故。孝宗時追諡"文忠"。

子曰如有周公之才之美　章

子曰："如有周公之才之美，使驕且吝，其餘不足觀也已。"

---

① 見鹿善繼《四書説約》卷八。鹿著作："從來天下多事，其原都有消息。特人自不識。到得決裂，悔無及耳。見好勇而貧的人，急以一官半職束之；見不仁之人，慢以綫開一路寬之，自不至亂也。即此是天地心、經綸手。"

② 見孫奇逢《四書近指》卷七。

③ 見蘇軾《蘇文忠公全集·應詔》卷四《策別》十七："天下有三大患，而蠻夷之憂不與焉。有內大臣之變，有外諸侯之叛，有匹夫群起之禍。此三者，其勢常相持。內大臣有權，則外諸侯不叛；外諸侯强，則匹夫群起之禍不作。今者內無權臣，外無强諸侯，而萬世之後，其或可憂者奸民也。"

才士多驕吝，驕則視人皆不及己，吝則惟恐人及己。視人不及己，則無可用之人，無以開功名之路；惟恐人及己，則人不爲之用，益以塞智勇之門。此自古才士之通患也，故聖人痛斥之以示戒。

三年學不　章

子曰：“三年學，不至於穀，不易得也。”

“不至於穀”，言其學不至於穀也。若子張學干禄，學其所學，非此之學。“三年”，言其久。

陸梭山[一]曰：“謀利而遂者不百一，謀名而遂者不千一。處世不能百年，而乃徼幸於不百一、不千一之事，豈非癡人哉！”①夫事有本末，得其本則末隨，趨末則本末俱廢。

【注】

　　[一]陸梭山：陸九韶，字子美，號梭山，南宋金溪（今屬江西撫州）人。陸九淵之兄。其學以切於日用爲要，注重躬行實踐。著有《梭山文集》《解經新説》《州郡圖》《家制》《梭山日記類編》等。

子曰篤信好學守死善道　章

子曰：“篤信好學，守死善道。危邦不入，亂邦不居。天下有道則見，無道則隱。邦有道，貧且賤焉，恥也；邦無道，富且貴焉，

---

　　①　見陸九韶《陸氏家訓》：“夫謀利而遂者不百一，謀名而遂者不千一。今處世不能百年，而乃徼幸於不百一、不千一之事，豈不癡甚矣哉！”

耻也。"

篤信而能好學，則信非小諒；守死而能善道，則死不傷勇。此夷險各得，識力俱超，大人之事也。至於危邦不入，亂邦不居，有道見，無道隱，亦先機之士保身之哲。若邦有道而貧賤，邦無道而富貴，品斯下矣，故可耻。

知之於人也，猶其有目也，動止先之。是知也，本諸性天者，真閱歷得者次之，誦讀知之者又次之。誦讀而知，雖知易浮矣。曰："如此，豈聖人垂訓之意耶？"曰："是固在人。孔子不云乎'篤信好學'？子夏亦謂'博學而篤志'。篤則不浮，能篤則自昭其德，切體諸身，而性天、閱歷俱在其中矣。"

不在其位　章

子曰："不在其位，不謀其政。"
出位之謀，失己失人，無一而可。

子曰師摯之始關雎之亂　章

子曰："師摯之始，《關雎》之亂，洋洋乎盈耳哉！"
此追論師摯之始相於正樂而嘆其美，亦《魚藻》之意也。

子曰狂而不直　章

子曰："狂而不直，侗而不愿，悾悾而不信，吾不知之矣。"

狂必直，侗必願，悾悾必信。短必有長，其大較也。至有短無長，聖人亦大不能耐。

學如不及　章

子曰：“學如不及，猶恐失之。”

夫進退者幾？學難及而易失者也。學焉常如不及，以求其及，猶恐失之，然則不學者其若之何？

陰陽合而爲人。陽性上升，其得也爲剛，其失也爲傲；陰性下行，其得也爲謙，其失也爲弱。故人不可不學也，學則有得而無失。

一陰一陽之謂道，繼之者善也。善即道，與人爲終始。聖人自無弗善，其餘皆不可不學，故三代聖王莫不以學爲先務。學也者，學善也。閔馬父[一]不悦學，蓋就記誦言。可見自春秋時而學已歧矣。孔子、孟子前後申明其義，復爲群言所蒙，悲夫！

學如何？如何是及不及？失又如何？世之學者，并不知何爲學、何有及不及，彼亦漫不計所爲及不及，但讀書取科第，以升沉爲得失耳。漢文帝詔見賈誼[二]於宣室，既退，語人曰：“吾久不見賈生，自謂過之，今不及也。”所云不及，未審於聖人所言爲何如？然置帝王之尊，與匹夫校器量，其識力自足經緯天地，曠然首庶物而作睹。嗚呼！此文帝之所以爲“文”也。

【注】
　[一]閔馬父：孔子弟子閔子騫之父。一説即《左傳》中的魯國大夫閔子馬。昭公十九年（前 523），曹平公去世。魯國使臣前去曹國參加葬禮，遇到周王使臣原伯魯。原氏粗魯無禮，不喜學習。魯使回國後講給閔子馬聽。閔子馬認爲周將大亂，因爲不學就會苟且，導致上下失序，國將不

存。平泉理解似有誤。

　　[二]賈誼：西漢文帝時洛陽人，少有才名，擅長文章特別是政論。曾爲漢文帝器重，後受朝臣排擠，出爲長沙王太傅。三年後被召回，任梁懷王太傅。懷王墜馬而死。賈誼抑鬱以終。他的名篇有《過秦論》《論積貯疏》《陳政事疏》等。

巍巍乎舜　章

　　子曰：“巍巍乎！舜、禹之有天下也，而不與焉。”

　　位不期驕，與其勢也；禄不期侈，與其利也。舜、禹無欲，故有天下而不與。大抵人到無欲時，視一切世味如浮雲之去來，適當吾前一寓目相迎送耳。舜、禹雖有天下，豈有加與居深山、作司空時耶？不第舜、禹爲然，令擇封萬户，自請居留，蓋亦不得已，其視世間高爵大禄爲何物？又不第留侯爲然。“憂民如有病，見客似無官”①，劉東山[一]胸中罕稀一兵部尚書？

【注】

　　[一]劉東山：劉大夏，字時雍，明湖廣華容（今屬湖南）人。曾任弘治時兵部尚書。弘治十一年（1498）辭官歸鄉時，築草堂東山下，讀書其中，時稱東山先生。同僚吳廷舉贊其“憂民如有病，見客似無官”。劉氏與平泉十世祖馬文升及王恕并稱“弘治三君子”。

子曰大哉堯之爲君也　章

　　子曰：“大哉堯之爲君也！巍巍乎！唯天爲大，唯堯則

────────────

　　①　見宋魏野所做《上陳使君》。

之。蕩蕩乎！民無能名焉。巍巍乎其有成功也！煥乎其有文章！”

蕩蕩無名，即在成功文章內。時行物生，百昌繁會。人呼吸食飲，無在非天。日戴天而不知天之高，堯亦天而已矣。

舜有臣五人而天下治　章

舜有臣五人而天下治。武王曰：“予有亂臣十人。”孔子曰：“才難，不其然乎？唐、虞之際，於斯爲盛。有婦人焉，九人而已。三分天下有其二，以服事殷。周之德，其可謂至德也已矣。”

唐、虞之際，於斯爲盛。十人皆文王故臣，有才如此，又挾三分有二之勢以服事殷，故稱“至德”。夫子於泰伯曰“至德”，於文王曰“至德”，蓋崇讓也。夫南巢、牧野[一]，聖人之不得已。夫子之論如此，亦語常不語變之意，而後世猶有假放伐以爲名者。

【注】

　　[一]南巢、牧野：南巢，商湯放逐夏桀的地方，見《尚書·仲虺之誥》：“成湯放桀於南巢，惟有慚德。”牧野，周武王大敗殷紂王的地方，見《尚書·牧誓》：“時甲子昧爽，王朝至于商郊牧野，乃誓。”

子曰禹吾無間然矣　章

子曰：“禹，吾無間然矣。菲飲食而致孝乎鬼神，惡衣服而致美乎黻冕，卑宮室而盡力乎溝洫。禹，吾無間然矣。”

　禹紹帝之終，肇王之始，物産日豐，侈汏易滋。禹處易間之勢，卒粹然無間者也。其所奉己者，無弗儉約，而尊祖敬宗、敬天勤民，無弗各極其致。王度金玉，規模宏遠，大哉禹也，弗可及也已。

論語義疏卷九

子罕言利　章

子罕言利與命與仁。

利者，人人之所同需，故爲人人之所同欲。世道人心，皆壞於此。夫子誠傷之，欲力遏其流，故罕言。至命者，天之令也，與利異。然天道難測，謂不可憑耶，則昧天道；謂可憑耶，則虧人事，故亦罕言。若夫仁，則心之全德，益非利之比。然惟中人以上，乃可語其本體，其餘惟就其人之身，示以分著之端而已，故亦罕言。

必如此，亦命也。豈不是透宗語？然土木之難[一]，其禍世何烈也！故聖人罕言之，與利同嚴。仁則何也？曰："高言無着，必損實際。商君陳帝王之道[二]，秦昭南渡，士大夫以不言性命爲恥，其謂之何矣？"

【注】

[一] 土木之難：明正統十四年(1449)，瓦剌軍攻明。明英宗不顧群臣反對，在宦官王振慫恿下率軍親征。行至大同，聽到前方敗訊，退却到土木堡(今河北懷來東)，被瓦剌軍首領也先追及，明軍大敗，英宗被俘，王振死於亂軍之中。

[二] 商君陳帝王之道：商君，名公孫鞅，戰國時衛國人，後侍奉秦孝公，以功封商地十五邑，故稱商君。他繼承發展了法家學說，在秦孝公的

支持下兩次變法，內容包括：施行連坐法，獎勵耕戰，打擊貴族，廢井田，開阡陌，允許土地自由買賣，實行縣制等。這些措施使秦國加速由邦國制向中央極權制轉變，國勢迅速強盛。秦孝公死後，商鞅被殺。《史記·商君列傳》記：商鞅前幾次見秦孝公，闡發帝王之道，秦孝公毫無興趣；最後說解強國之術，秦孝公大喜。

達巷黨人曰大哉孔子　章

達巷黨人曰：「大哉孔子！博學而無所成名。」子聞之，謂門弟子曰：「吾何執？執御乎？執射乎？吾執御矣。」

「下學」「上達」云云，是答子貢語。「多能鄙事」，「君子多乎哉！不多也」，是因子貢答太宰語。若舉答子貢者答太宰，便爲大言唐突；若舉答太宰者答黨人，便爲角口。均爲失言，無益於俗，不信且滋喧囂。始余讀此章，深思其故而不得：以爲莊語耶，反成奚落；以爲諧語耶，記此奚爲？後思得前義。蓋記者欲因此示學者以言論之方，遇淺人不可作深語，聖人未嘗向人面前求知己也。

黨人，愚人也；陽貨，奸人也，皆不可與辨。故夫子祇用一般應付，不過人云亦云而已。不是世故，祇是醒事。聖人必不爲無益之言。落底説來，便是從心所欲不逾矩。

鹿氏曰：「天下未有真正學者，而以藝能成名。故執御之説，明係笑語。观謂門弟子，可想孔聖人直恁韻致，全不作道學榜樣。」[①]按：「道學榜樣」四字，言外有言。鹿先生四面通達，純乎天機。

---

① 見鹿善繼《四書説約》卷九。鹿著作：「天下沒有個真正學者，而以藝能成名。故執御之説，明是笑語。觀謂門弟子，可想孔聖人直恁韻致，全不作道學榜樣。」

子曰麻冕禮也　章

子曰："麻冕，禮也；今也純，儉。吾從衆。拜下，禮也；今拜乎上，泰也。雖違衆，吾從下。"

道取其同，不取其異。聖人樂與人同者也，但使有可藉以相從，亦豈肯輕爲立異？至於事之必不可從者，義之所不敢安也。其達之也，不得已也。"純""拜上"，偶拈二者以示例耳。

子絶四毋　章

子絶四：毋意，毋必，毋固，毋我。

廓然而大公，物來而順應。

子畏於匡　章

子畏於匡，曰："文王既没，文不在兹乎？天之將喪斯文也，後死者不得與於斯文也；天之未喪斯文也，匡人其如予何？"

文，道之顯著者也。苟不至德，至道不凝。道凝於内之謂德，道凝於外之謂文。道平鋪安放天地間，無所增減；文則有喪時，故不曰道而曰文。春秋時文在。孔子曰"文王既没"，其來何遠？拜堯、舜、禹、湯，一綫孤寄。當時若没於匡，則斯文喪矣。豈獨一時之斯文喪，萬世之斯文喪矣。決無是理。故孔子灑然自必於天。

諸不可恃，惟天可恃；諸不足恃，惟天足恃。天者何？理而已矣。是故循理者裕，背理者廢。或曰："夷、齊、顔回可恃乎？"

曰:"夷、齊、顔回,其爲可恃也大矣。"

太宰問於子貢曰　章

太宰問於子貢曰:"夫子聖者與? 何其多能也?"子貢曰:"固天縱之將聖,又多能也。"子聞之,曰:"太宰知我乎! 吾少也賤,故多能鄙事。君子多乎哉? 不多也。"

牢曰:"子云:'吾不試,故藝。'"

太宰"聖"與"多能"合看。子貢劃開,分出輕重,故爲知言。夫子抛開"聖"字,抑下"多能",而君子所貴,言下可想,所以教太宰深矣。

孫子曰:"君子不多,是聖學宗傳。太宰以多能爲聖,子貢以爲聖之餘事,夫子直以多能爲少賤鄙事,則道不貴多明矣。"①

吾有知乎　章

子曰:"吾有知乎哉? 無知也。有鄙夫問於我,空空如也。我叩其兩端而竭焉。"

空空,甚言無知。叩其兩端而竭焉,所謂即以其人之道,還治其人之身,而我無與。

湯思謙[一]約同人聽陸象山語,答以"門户高峻,議論恐非所能喻"。湯云:"陸丈語甚平正,試往聽之。某於張、吕[二]諸公皆

---

① 見孫奇逢《四書近指》卷八。孫著作:"君子多乎哉? 不多也。此是聖學宗傳。太宰以多能爲聖人之事,子貢以多能爲聖人之餘事,夫子直以多能爲少賤鄙事,則道之不貴於多也明矣。"

相識。如陸丈語，自是不同。”祇爲張、吕皆有道學意在，不似象山毫無妝點，俱在良心一點真切處激發，正是空空無知支派。雖然，士君子誰肯以空空無知自居哉！

【注】

[一] 湯思謙：南宋孝宗前後縉雲（今屬浙江麗水）人。在淳熙十四年（1187）臨川倉使任上時與陸九淵有交往。

[二] 張、吕：張指張栻，南宋廣漢（今四川廣漢）人，名將張浚子，曾主講岳麓書院，與朱熹來往密切，其學亦與朱熹接近，以“太極”爲宇宙本體，提倡主敬窮理、知先行後。吕指吕祖謙，南宋婺州（今浙江金華）人，與朱熹、張栻齊名。其學調和朱陸而偏於陸，認爲“心外無道”，提倡經世致用。

子曰鳳鳥不至　章

子曰：“鳳鳥不至，河不出圖，吾已矣夫！”

鳳鳥河圖，皆盛世之瑞。今皆不見，河清無日，吾道其卒不行矣夫！

子見齊衰者冕衣裳者　章

子見齊衰者、冕衣裳者與瞽者，見之，雖少，必作；過之，必趨。

皆心之所不容已。寓目道存，無有轍迹。

顔淵喟然嘆曰仰之彌高　章

顔淵喟然嘆曰：“仰之彌高，鑽之彌堅；瞻之在前，忽焉在後。

夫子循循然善誘人，博我以文，約我以禮。欲罷不能，既竭吾才，如有所立卓爾。雖欲從之，末由也矣。"

顏子嘆以爲初夫子之道無窮盡、無方體，賴夫子循循善誘，博我以文，《詩》《書》《禮》《樂》以致其精；約我以禮，視聽言動以一其趨。然後有所着力，欲罷不能。既竭吾才，見聖道卓立於前，不似向者高堅前後之謂，然非可執而求之，雖欲從而末由矣。欲罷不能是勿忘，欲從末由是勿助，高堅前後是無定，所立卓爾是有定，欲從末由是有定中見得無定，而顏子之學進矣。拊今思昔，盡力形容而歸功於夫子，悱惻綿邈，如聞喟然嘆息之聲。

子疾病子路使門人爲臣　章

子疾病，子路使門人爲臣。病間，曰："久矣哉，由之行詐也！無臣而爲有臣。吾誰欺？欺天乎？且予與其死於臣之手也，無寧死於二三子之手乎？且予縱不得大葬，予死於道路乎？"

處處本分，則事簡而道尊。春秋二十三國，二百四十年，相尋以詐，夙所痛疾，所以於及門爲臣一事懊惱不已也。子路以夫子嘗爲司寇、攝相事，故有此舉。不知今已非其時，而偶失之也。細玩聖人神吻，直是慍甚。

子貢曰有美玉於斯韞匵　章

子貢曰："有美玉於斯，韞匵而藏諸？求善賈而沽諸？"子曰："沽之哉！沽之哉！我待賈者也。"

夫子豈怨言藏？"沽之哉！沽之哉！"旁皇周浹，聲情至今未盡寂然，又豈肯輕沾？用“待”字破“求”字，卷舒由我，進退裕如。

子欲居九夷或曰陋　章

子欲居九夷。或曰：“陋，如之何？”子曰：“君子居之，何陋之有？”
祇是偶然遣興，與浮海同。

子曰吾自衛反魯　章

子曰：“吾自衛反魯，然後樂正，《雅》《頌》各得其所。”
張惕庵曰：“此言樂正，非言正樂。注言《詩》《樂》，亦頗殘缺
失次。先《詩》後《樂》，《詩》正則《樂》正也，蓋《樂》不至殘缺。舜
遠矣，子猶聞《韶》。《雅》《頌》，周樂也。金石可垂千年，琴瑟亦可
數百年，匏土革木，不難更製，無殘缺也，《雅》《頌》則有殘缺。正
考父求《商頌》於周，尚有十一篇，至孔子時僅存五篇。《大武》之
詩，楚莊王述之，有七篇，孔子時惟有《酌》《桓》《賚》《般》四章。
《南陔》六詩，有聲無辭；《新宮》《河水》，聲辭俱逸。是《詩》有殘缺
也。《樂》有定位：堂上之樂，琴瑟在御；堂下之樂，聲容以間。燕
饗祭祀，歲時肄業，何有失次？《詩》則趙文子，晉鄉之謙謹者，猶
奏《肆夏》。魯稱稟禮，乃賦《湛露》《彤弓》。《六月》出師，秦①賦之
以贈重耳。《文王》陟降，晉賦之以享穆叔。《詩》之失次甚矣。
《雅》《頌》既殘缺失次，則《樂》之奏者，不過聲容之鏗鏘舞蹈，名實
不相符，是以《樂》不正也。夫子自衛反魯，適師摯爲樂官之長，請

---

① “秦”，底本誤作“奏”。據《四書翼注論文》改。

夫子將《樂》章重加訂正,然後朝廷之樂雅得其正。《鹿鳴》惠下,《天保》敬君,《荇葦》以睦兄弟,《伐木》以燕朋友,兩君相見則賦《文王》,重臣專征則賦《彤弓》,《杕杜》以勞旋,《皇華》以遣使。其事其人,一一得所,則《樂》之鼓瑟吹笙以應雅節,以特鐘特磬與夫祝敔簫管之屬,無不應節諧聲,洋洋盈耳矣。宗廟之《樂》《頌》得其正:《思文》奏之南郊,配以后稷;《我將》奏之明堂,配以文王;《天作》以祀先公;《雍》詩專祀太祖;《載芟》《良耜》以祈年勞農;《賓》《酌》《般》《桓》以巡狩講武。其時其地,一一得所。則《樂》之考鐘伐鼓,從以干戚羽旄,叶以竽笙篪簧,頌鐘頌磬,無不八音繁昌,喤喤厥聲矣。此之謂'然後樂正,《雅》《頌》各得其所'。"[1]按:

---

[1]　見張甄陶《四書翼注論文》卷十三。平泉所引有刪節。張著作:"(此章正詩正樂,講章皆無定見。今一依正文朱注分疏之)正文但云'然後樂正',非言正樂。……朱注云《詩》樂亦頗殘缺失次。先《詩》後樂以正樂,由於正《詩》也。何言之? 樂不至殘缺。舜遠矣,子猶聞韶。《雅》《頌》,周樂也。金石可垂千載,琴瑟亦可數百年,匏土革木,不難更製,無殘缺也。《雅》《頌》則有殘缺。正考父求《商頌》於周,尚有十一篇,至孔子時僅存五篇。《大武》之詩,楚莊王述之,有七篇,孔子時惟有《酌》《桓》《賓》《般》四章。《南陔》六詩有詞無聲,《新宮》《河水》聲詞俱逸。是《詩》有殘缺也。《樂》有定位:堂上之樂,琴瑟在御;堂下之樂,笙鏞以間。燕享祭祀,歲時肄習,何有失次?《詩》則趙文子,晉鄉之謙謹者,猶奏《肆夏》。魯稱禀禮,燕使臣乃賦《湛露》《彤弓》。《六月》出師,秦賦之以贈重耳。《文王》陟降,晉歌之以享穆叔。其失次甚矣。《雅》《頌》既殘缺失次,則《樂》之奏者,不過聲容鏗鏘舞蹈,名實不相符,是以《樂》不正也。夫子自衛反魯,適師摯為樂官之長,請夫子將《樂》章重加訂正,然後朝廷之樂雅得其正。《鹿鳴》惠下,《天保》敬君,《行葦》以睦父兄,《伐木》以燕朋友,兩君相見則賦《文王》,重臣專征則賦《彤弓》,《杕杜》以勞旋,《皇華》以譴使。其事其人,一一得所。則《樂》之鼓瑟吹笙以應雅節,以特鐘特磬與夫柷敔簫管之屬,無不應節諧聲,洋洋盈耳矣。宗廟之樂頌得其正:《思文》奏之南郊,配以后稷;《我將》奏之明堂,配以文王;《天作》以祀先公;《雍》詩專祀太祖;《載芟》《良耜》以祈年勞農;《賓》《酌》《般》《桓》以巡狩講武。其時其地,一一得所。則《樂》之考鐘伐鼓以應頌,從以干戚羽旄,叶以竽笙篪簧,頌鐘頌磬,無不八音繁會,喤喤厥聲矣。此之謂'然後樂正,《雅》《頌》各得其所也'。"

此孔子生平極快意事。用樂者遵之,則大夫不敢僭諸侯,諸侯不敢僭天子,名分正,紀網肅,百度舉,而天下由此而治矣。

子曰出則事公卿　章

子曰:"出則事公卿,入則事父兄,喪事不敢不勉,不爲酒困,何有於我哉?"

獨居自檢,矯作謙辭,聖人無是也。聖人雖若謙,無非實心。或曰:"若然,事公卿父兄,勉喪事,義本無窮;不爲酒困,亦云云,何也?"曰:"傳不云乎'惟酒無量,不及亂'。夫子極情長,每賓朋歡聚,多飲幾盃,亦時有之,此即所謂困也。"

鹿氏曰:"吳康齋令白沙編籬劚菜,寫字則磨墨,客至則捧茶,全不與談妙義,全得此種因緣,此書自不必講。"①愚謂:會得時,世間風平浪静,便都無事。孫子謂:"此是庸行,下學上達正在此也。"②

子在川上　章

子在川上曰:"逝者如斯夫!不舍晝夜。"

觀其源遠流長,健行不息,於此有會,所感自深。言一往不盡,前無始,後無終,將大撓甲子[一]及後儒元會運世[二]層疊一語

---

①　見鹿善繼《四書説約》卷九。鹿著"全得"作"會得",是。
②　見孫奇逢《四書近指》卷八。孫著作:"此所謂庸德也,何有於我?行之而不敢不勉之意,下學上達正在斯。"

打并^[三]，見乾坤之不息，喜日月之常明。

　　文文山^[四]謂："夫子川上語，示人以道體，使之省察體認，而約其旨於慎獨。"①孫夏峰極稱之。不舍晝夜，即道不可須臾離。慎獨者，慎其離道之獨也。文山始以法天不息啓其君，厥後慷慨勤王，至死隱微無貳，能慎獨也夫！然《論語》無慎獨字，無處非慎獨也。古之有志於學，日事此心，安得有隱顯之殊？特言慎獨者，爲夫矯僞自欺者也。親炙聖人者，無此種行止。

【注】

　　[一]大撓甲子：大撓，傳說中黃帝的史官，《五行大義》稱其始作"甲子"。

　　[二]元會運世：北宋邵雍虛構的歷史紀年單位。一元有十二會，一會有三十運，一運有十二世，一世有三十年。因此一元之年數爲十二萬九千六百年。邵雍把"一元"作爲世界由始至終生滅變化的一個周期。

　　[三]打并：收拾，整理。

　　[四]文文山：文天祥，字履善，號文山，南宋吉州廬陵（今江西吉安）人。宋理宗時丞相，堅持抗元。宋亡後被俘，不屈而死。

吾未見好　章

子曰："吾未見好德如好色者也。"

　　好德好色，皆本於天生，無所勉強。使人好德如好色，則無不成之德，惜乎未之見也。

---

　　①　見文天祥《文山集》卷十《吳郎中山泉説》。

子曰譬如爲山未成一簣　章

子曰："譬如爲山，未成一簣，止，吾止也；譬如平地，雖覆一簣，進，吾往也。"

外藉之形勢，總不足計，所憑者吾耳。止則竟止矣，進則竟進矣。夫事每隳於垂成，而積小可以高大，則志氣之爲之也。

語之而不　章

子曰："語之而不惰者，其回也與！"

正是既竭吾才，欲罷不能時。鹿氏曰："顏子境界是惰不得了。"[1]

子謂顔淵曰惜乎吾見其進也　章

子謂顔淵曰："惜乎！吾見其進也，未見其止也。"

自己性命得夫子發覺，何處得以自違？何時得以自已？拉動消息，自爲奔命，到此不關夫子事。

---

[1]　見鹿善繼《四書説約》卷九。鹿著無"是"字。

子曰苗而不秀者有矣夫　章

子曰："苗而不秀者有矣夫！秀而不實者有矣夫！"

孫子曰："多少英雄豪傑，作事不能到頭，爲人不能結果，兩有矣夫！極其憫惜。"①

子曰後生可畏　章

子曰："後生可畏，焉知來者之不如今也？四十、五十而無聞焉，斯亦不足畏也已。"

後生年富力强，足以有爲，故可畏。夫子言其將來焉知不如我今之所期望乎？若至四十、五十而無所聞，則其所可畏者安在哉？白沙云："白頭孤負垂髫志，猶憶城南就館時。"白沙猶爲此言，吾輩當復云何？

子曰法語之言能無從乎　章

子曰："法語之言，能無從乎？改之爲貴。巽與之言，能無説乎？繹之爲貴。説而不繹，從而不改，吾末如之何也已矣。"

夫天下莫可如何之人，大抵坐愚頑耳。愚而生其機心，頑復挾以冷氣，聖人莫可如何者，斯真莫可如何矣。噫！自古敗國壞

① 見孫奇逢《晚年批定四書近指》卷七。孫著作："多少英雄豪傑，作事不能徹頭，爲人不能結果，兩箇有矣夫。極其憫惜。"

家亡人，誰非如此？

主忠信毋　章[①]

子曰：“主忠信，毋友不如己者，過則勿憚改。”

三軍可奪　章

子曰：“三軍可奪帥也，匹夫不可奪志也。”

人以志成，以無志敗。有百年之志，有一事之志。始焉爲立志，終焉爲遂志。始而終之爲有志，孔子所謂匹夫不可奪者也。

鹿氏曰：“人做不起，率以爲非無志，爲外所奪耳。不知志在己，不倚旁人，如何奪得？特以三軍之帥形匹夫之志，極妙談鋒，令座間雄風頓起。”[②]

孫子曰：“此志斡旋宇宙，扶植綱常，所守約而所關巨，非沾沾意氣自許也。志之所設，必設於死亡貧困。欲生者，死可奪之；欲富者，貧可奪之。必之於死亡貧困，則天地之權窮，帝王之勢廢。”[③]

---

① 本章與卷一重複。平泉僅列原文，無義疏。“毋”原作“無”，據《論語》改。

② 見鹿善繼《四書説約》卷九。鹿著作：“人做不起，概以爲非無其志，爲外所奪耳。不知志在於己，不倚旁人，如何奪得？特以三軍之帥形匹夫之志，極妙談鋒，令座間雄風頓起。”

③ 孫奇逢《四書近指》作：“志之所設，必設於死亡貧困。欲生者，死可奪之；欲富者，貧可奪之。必之於死亡貧困，則天地之權窮，帝王之勢廢。”孫氏《晚年批定四書近指》卷七作：“此志斡旋宇宙，扶植綱常，所守約而所關巨，非沾沾意氣自行也。”

觀望諸君對趙王之泣，知其必不負燕矣。無他，真也，真志不奪。

子曰衣敝緼袍與衣狐貉者立 章

子曰：“衣敝緼袍，與衣狐貉者立，而不耻者，其由也與？‘不忮不求，何用不臧？’”子路終身誦之。子曰：“是道也，何足以臧？”

子路風操有合於《雄雉》[一]之詩，然未可以此自域，故夫子又抑而進之。

【注】

[一]《雄雉》：指《詩經·邶風·雄雉》：“雄雉於飛，泄泄其羽。我之懷矣，自詒伊阻。雄雉於飛，下上其音。展矣君子，實勞我心。瞻彼日月，悠悠我思。道之云遠，曷云能來？百爾君子，不知德行。不忮不求，何用不臧？”《毛詩序》認爲這首詩是刺衛宣公荒淫無道。方玉潤《詩經原始》則認爲這是一首描寫朋友互相勉勵的詩。

歲寒然後 章

子曰：“歲寒，然後知松柏之後彫也。”

後彫者，其本固也。道在能含，松柏豈顧人知不知？然萬木彫零，孤標晚翠，見者誰不刮目？

“空山無人，水流花放”，是言也，何必非鳶飛魚躍？“木葉盡脱，石氣自青”，是言也，何必非松柏後彫？真機實修，寓目斯陳，會心處故不在遠。

知者不惑　章

子曰："知者不惑，仁者不憂，勇者不懼。"

鹿氏曰："無論窮通貴賤，惑憂懼隨身捆住，受盡苦楚。似乎人入世便陷此窟，永無脫法。豈知至人超然盡解，一點性靈爲主，萬魔退聽。"①

子曰可與共學未可與適道　章

子曰："可與共學，未可與適道；可與適道，未可與立；可與立，未可與權。"

此言學之層級。學至能立，貞固不揺矣，然猶未及於權也。權者，隨時處中，非可豫擬。禹、稷、顔子，易地皆然，正好參領。

人必確然有求道之志，而後可與共學。道在眼前，無物不有，無時不然，愚夫愚婦之所莫能外，聖賢豪傑之所莫能盡，故學以道爲鵠。立者，道之正而固；權者，道之變而通也。

有志則可與共學矣。志無所歧，可與適道矣。志無所揺，可與立矣。立，守之固也。固而不繆，則可與權矣。道以正學，立以守道。權者，精其立者也。權與經相得，非相得②非相對也。聖人即權即經，無所作意，道本如是也。權非聖人始能，有一時

----

① 　見鹿善繼《四書説約》卷十。鹿著作："惑憂懼三個字，從有生時把人捆住，愈入愈深，受盡苦楚，無論窮通貴賤，總隨身帶，似乎既生在世，便陷此窟，永無可脱之法，亦無能脱之人。豈知世有至人，超然盡解，一點靈性爲主，萬魔退聽。"

② 　非相得：此三字疑衍。

之權，有一事之權，斤斤兩兩，都無是處。然夫子所謂可與權者，則粹然聖人之徒，因心作則，惟變所適。

宋儒謂權即是經，合如是即如是。看似極變，却極平常，豈不是權即是經？漢儒謂反經合道之謂權，素不如是，忽如是却正當如是，豈不是反經合道之謂？權抑有謂權變者，《易》之所謂"惟變所適"也；抑有謂權術者，孟子所謂"仁術""智術""多術"也。循正而不泥乎正，即吾夫子所謂"貞而不諒"，亦權術之意。是故漢儒、宋儒之言皆是也，并爲知權。然漢儒意在明權，從其說者，吾懼其失經也；宋儒意在尊經，從其說者，吾懼其失權也。失經，多小人之害；失權，多君子之凶。

唐棣之華偏其反而　章

"唐棣之華，偏其反而。豈不爾思？室是遠而。"子曰："未之思也，夫何遠之有？"

上章言學而推其量於至善，此章言思而明其用之至神。思以運之，學以實之，學思并重，聖人之教也。《魯論》記聖人之語，至此一束。

論語義疏卷十

孔子於鄉黨恂恂如也　章

孔子於鄉黨，恂恂如也，似不能言者。其在宗廟朝廷，便便言，惟謹爾。

《鄉黨》一篇，記者於尋常散碎處記孔子之行。曰"似"曰"如"者，形容之若不能盡也；曰"不"者，非其宜而自止也；曰"必"者，不易之方見其常如此也。左右橫豎，動合天則而無容心。所謂"從心所欲不逾矩"者，此也；所謂"無行不與"者，此也。讀《鄉黨》一篇，沉思默會，當於精神耳目間見一活孔子。如此章鄉黨、父兄、宗族所在，自應恂恂；宗廟朝廷禮法政事所出，自應便便。然人却每每露才於鄉黨，而緘口於宗廟朝廷，看孔子是何如？

朝與下大夫言侃侃如也　章

朝，與下大夫言，侃侃如也；與上大夫言，誾誾如也。君在，踧踖如也，與與如也。

在朝言朝，皆政事也。與下大夫言，自應侃侃，而長厚之人偏要渾融養望；與上大夫言，自應誾誾，而氣節之士便欲顯露風棱。看孔子是何如。鄒南皋[一]曰：“與下大夫言，有時誾誾亦是侃侃；與上大夫言，有時侃侃亦是誾誾。要識此意。”

【注】

[一]鄒南皋：鄒元標，字爾瞻，號南皋，明江西吉水人。萬曆時曾任吏部員外郎。因直言敢諫，遭到萬曆帝拒斥，稱病歸鄉，講學三十年。其學“以識心體爲入手，以行恕於人倫事物之間與愚夫愚婦同體爲工夫，以不起意空空爲極致”，强調“正本分”，認爲“天理”與“人欲”是一致的。他與顧憲成、趙南星并稱“東林黨三君”。著有《四書講義》等。

君召使擯色勃如也　章

君召使擯，色勃如也，足躩如也。揖所與立，左右手。衣前後，襜如也。趨進，翼如也。賓退，必復命曰：“賓不顧矣。”

此記孔子爲擯之敬。

入公門鞠躬如也　章

入公門，鞠躬如也，如不容。立不中門，行不履閾。過位，色勃如也，足躩如也，其言似不足者。攝齊升堂，鞠躬如也，屏氣似不息者。出，降一等，逞顏色，怡怡如也。沒階趨，翼如也。復其位，踧踖如也。陸氏曰：“‘趨’下無‘進’字，俗本誤。”

此記孔子立朝之敬。

執圭鞠躬如也如不勝　章

執圭,鞠躬如也,如不勝。上如揖,下如授。勃如戰色,足蹜蹜,如有循。享禮,有容色。私覿,愉愉如也。

此記孔子爲君聘於鄰國之敬。

孫子曰:"敬以將禮,和以達情。"①

君子不以紺緅飾紅紫不以爲褻服　章

君子不以紺緅飾,紅紫不以爲褻服。當暑,袗絺綌,必表而出之。緇衣羔裘,素衣麑裘,黃衣狐裘。褻裘長。短右袂。必有寢衣,長一身有半。狐貉之厚以居。去喪,無所不佩。非帷裳,必殺之。羔裘玄冠不以吊。吉月,必朝服而朝。

此記孔子衣服之制。

齊必有明　章

齊,必有明衣,布。齊,必變食,居必遷坐。

此記孔子謹齊之事。

張愓庵曰:"據《周禮》,以加牲盛饌爲變食。'齊,必變食'者:避不潔之氣,以清其心;加常膳之品,以助其氣。清心所以交神,助氣所以慎禮。蓋古禮繁重,非强有力不能勝,

---

① 見孫奇逢《四書近指》卷八。

必不可臨期菲薄飲膳也。《禮記·玉藻》云：‘王日食少牢，月朔太牢，月朔告廟聽朝則加常食。’則祭食從豐，可以互證。”①

食不厭精膾不厭細至瓜祭必齊如也　章

食不厭精，膾不厭細。食饐而餲，魚餒而肉敗，不食。色惡，不食。臭惡，不食。失飪，不食。不時，不食。割不正，不食。不得其醬，不食。肉雖多，不使勝食氣。惟酒無量，不及亂。沽酒市脯不食。不撤薑食。不多食。祭於公，不宿肉。祭肉不出三日。出三日，不食之矣。

食不語，寢不言。

雖疏食菜羹，瓜祭，必齊如也。

此記孔子飲食之節。

“瓜”“之”古篆字體略相似，“瓜”乃“之”字傳寫之誤，“瓜”宜作“之”。雖至薄之祭必齊如，聖人之慎也。祭不欲數，不敢瀆。若每食必祭，聖人亦不如是煩。

---

① 見張甄陶《四書翼注論文》卷十四。平泉所引有刪節。張著作：“據《周禮》，以加牲盛饌爲變食。則不飲酒，不茹葷，猶爲誤引，姑闕之可也。……齊必變有二義：避不潔之氣，以清其心；加常膳之品，以助其氣。清心所以交神，助氣所以慎禮也。古禮繁重，跪拜升降，非强有力不能勝，故齊加於常，非菲薄飲膳也。又《禮記·玉藻》條明云：‘王日食少牢，月朔太牢，月朔告廟聽朔即加常食。’則祭祀變食必從其豐，可以互證。”

席不正不　章①

席不正，不坐。

鄉人飲酒杖者出斯出矣　章②

鄉人飲酒，杖者出，斯出矣。

朝廷尚爵即尊爵，"侃侃誾誾"是也；鄉黨尚齒即敬齒，"杖者出，斯出"是也。所謂不逾矩也。矩在朝廷、鄉黨而原於心，故曰"從心所欲不逾矩"。

鹿氏曰："心中實以杖者爲當敬之人，儺爲當敬之事。聖賢如此高品，却在卑近瑣屑上用心。今有才氣者，誰肯如此小心？"③按：心若常存敬慎，安肯不如此？ 在聖人祇是自然而中。

問人於他邦再拜而送之　章④

問人於他邦，再拜而送之。

誠意真情，友誼彌篤。

---

①　此章平泉無義疏。

②　此章下少"鄉人儺，朝服而立於阼階"一章。

③　見鹿善繼《四書説約》卷十一。鹿著作："心裏真把杖者當做該敬之人，真把儺者當做該敬之事。聖賢這樣高品，却在這卑近瑣瑣的上邊用心。如今有才氣的，怎肯如此小心？ 如此老氣？"

④　此章下少"康子饋藥，拜而受之。曰：'丘未達，不敢嘗'"一章。

厩焚子退　章

厩焚。子退朝，曰："傷人乎？"不問馬。

厩以畜馬，其焚也，却問人，猝之頃，輕重劃然。記者真細心之至。

君賜食必正席先嘗之　章①

君賜食，必正席先嘗之；君賜腥，必熟而薦之；君賜生，必畜之。侍食於君，君祭，先飯。

此記孔子事君之禮。

入太廟每事問　章②

入太廟，每事問。

朋友死無所歸曰於我殯　章③

朋友死，無所歸。曰："於我殯。"朋友之饋，雖車馬，非祭肉，

---

① 此章下少"疾，君視之，東首，加朝服，拖紳"與"君命召，不俟駕行矣。"兩章。

② 此章平泉無義疏。

③ 此章下少"朋友之饋，雖車馬，非祭肉，不拜"一章。

不拜。

此記孔子交友之義。

寢不尸居　章①

寢不尸，居不客。見齊衰者，雖狎，必變。見冕者與瞽者，雖褻，必以貌。凶服者式之。式負版者。有盛饌，必變色而作。迅雷風烈，必變。

升車必正立執綏　章

升車，必正立執綏。車中，不内顧，不疾言，不親指。

鹿氏曰："三者皆不端莊，然却是在車者通病，聖人便自然無此。"②

色斯舉矣翔而後集　章

色斯舉矣，翔而後集。曰："山梁雌雉，時哉！時哉！"子路共之，三嗅而作。

突叙"色斯舉矣"二句，見其不後不先，畫出"時"字異樣光

---

① 此章平泉無義疏。

② 見鹿善繼《四書説約》卷十一。鹿著作："一'必'三'不'，亦無甚奇，衹是人偏不能耳。内顧、疾言、親指，總是不端莊，然在車者通病皆如此。"

景,下再徐徐注明,筆墨大妙,烟雨迷離。"作"即翔。"嗅"作
"臭",張兩翼也。從劉聘君[一]。

【注】

[一] 劉聘君:劉元卿,字調甫,號旋宇,一號瀘瀟,明吉安府安福縣
(今屬江西萍鄉)人。萬曆時會試不中,絶意功名,以講學爲業,屢徵不出。
他是江右王門的代表人物,推服耿定向與王時槐。繼承耿氏"即心即道"
之説,以"存守本體,隨事躬行"爲根本。著有《大學新編》《山居草》《還山
續草》《通鑒纂要》《六鑒》《諸儒學案》《賢弈編》等。

論語義疏卷十一

子曰先進於禮樂野人也　章

子曰："先進於禮樂,野人也;後進於禮樂,君子也。如用之,則吾從先進。"

禮失而求諸野。今猶存先進於禮樂之意者,轉在野人。而後進於禮祭,皆在上之君子。夫子傷周末文弊,捨先進奚從哉!

子曰從我於陳蔡者　章

子曰："從我於陳、蔡者,皆不及門也。"德行:顏淵,閔子騫,冉伯牛,仲弓。言語:宰我,子貢。政事:冉有,季路。文學:子游,子夏。

共患難,人最所難忘,況諸子皆及門之選。記者詳列四科,見夫子追念之深。

回也非助　章

子曰：“回也非助我者也，於吾言無所不說。”

意在美顏子，然於此得“助”字意。

子曰孝哉閔子騫　章

子曰：“孝哉閔子騫！人不間於其父母昆弟之言。”

“孝哉閔子騫”，是言也，始於父母昆弟。人無間言，篤行之，積久而自彰。

南容三復白圭　章

南容三復白圭，孔子以其兄之子妻之。

此有道所以不廢，無道所以免於刑戮。

季康子問弟子孰爲好學　章

季康子問：“弟子孰爲好學？”孔子對曰：“有顏回者好學，不幸短命死矣！今也則亡。”

但言好學，不言所以好。康子不問，足見鶻突。

顏淵死顏路請子之車以爲之椁　章

顏淵死，顏路請子之車以爲之椁。子曰："才不才，亦各言其子也。鯉也死，有棺而無椁。吾不徒行以爲之椁。以吾從大夫之後，不可徒行也。"

顏淵死子曰噫天喪予天喪予　章

顏淵死。子曰："噫！天喪予！天喪予！"

顏淵死子哭之慟　章

顏淵死，子哭之慟。從者曰："子慟矣。"曰："有慟乎？非夫人之爲慟而誰爲？"

顏淵死門人欲厚葬之　章

顏淵死，門人欲厚葬之。子曰："不可。"門人厚葬之。子曰："回也視予猶父也，予不得視猶子也。非我也，夫二三子也。"

時孔子已老，所賴以繼己者，顏子也，故曰"天喪予"，慟而不自知其慟也。顏路[一]請車爲椁，愛子之至，且欲以安夫子之心。夫子不許，一爲禮之所未愜，一爲力之所不給。門人厚葬，夫子非之。聖人雖哀慟之極，而用情有節，純乎天而人不與。

孔子曰"才難"，不其然乎？夫德可學而致，才限於天，不容強齊。顏淵死，夫子以爲"天喪予"，豈虛語哉！曾子傳夫子之道，不盡夫子也。

【注】

[一] 顏路：春秋末年魯國人，顏回的父親，孔子早年的弟子。

季路問事鬼神　章

季路問事鬼神。子曰："未能事人，焉能事鬼？"曰："敢問死。"曰："未知生，焉知死？"

事人所以事鬼，知生所以知死。

閔子侍側誾誾如也　章

閔子侍側，誾誾如也；子路，行行如也；冉有、子貢，侃侃如也。子樂。"若由也，不得其死然。"

誾誾，孝德之容。行行，剛健之發。侃侃，明練之度。英俊聚一堂，故樂。不得其死，夫子豈忍言。卒"不閔者"者，愛之深，故教之篤。子路過剛，欲其濟以柔也。蓋見羣龍無首之義。

正冠病學，結纓死學[一]。死、病正學所致，力爭一息。時聖門學者，人人踏實，曾子尤縝密，子路尤勇憤。

【注】

[一] 正冠病學，結纓死學：子路曾任衛大夫孔悝的家臣。衛莊公元

年(前480)，孔悝的母親伯姬與人謀立蒯聵爲君，脅迫孔悝弑衛出公。出公聞訊出逃。子路聞訊後進城見蒯聵。蒯聵命石乞揮戈擊落子路冠纓。子路道："君子死，冠不免。"於是在帽結纓時被殺死。平泉認爲子路危急關頭以君子儀容爲先，是爲學拘滯。

魯人爲長府　章

魯人爲長府。閔子騫曰："仍舊貫，如之何？何必改作？"子曰："夫人不言，言必有中。"

閔子不言改作之非，但曰"何必"；夫子亦不及長府，但稱閔子所言之中，皆語言謹飭處。要之，君相若留心民瘼，即此已足動聽。不然，雖切何補？徒取罪戾耳。聖賢言動，不作無益害有益也。

子曰由之瑟奚爲於丘之門　章

子曰："由之瑟奚爲於丘之門？"門人不敬子路。子曰："由也升堂矣，未入於室也。"

子路性剛，其瑟必乏和平之音，故子抑而進之。門人因此不敬子路，則非矣。堂室相去有幾？曰"未入"，其入可立而待也。

子貢問師與商也孰賢　章

子貢問："師與商也孰賢？"子曰："師也過，商也不及。"曰：

"然則師愈與?"子曰:"過猶不及。"

子張才意高廣,與子貢爲近。子夏非子貢所喜,其間二子早有偏袒意。"師愈"之言,是其本衷。"過猶不及",教二子亦以教子貢。

季氏富於周公　章

季氏富於周公,而求也爲之聚斂而附益之。子曰:"非吾徒也。小子鳴鼓而攻之可也。"

墮三都,出藏甲[一],夫子之意何如? 冉子適於相拗,瘦公肥私,故特斥絶之。"富於周公",如諺云"富可敵國"。

【注】

[一] 墮三都,出藏甲:孔子做魯國司寇時,眼見架空國君的三桓各自的私邑規格超過都城,便向魯定公進言:要使"臣無藏甲,大夫無百雉之城",并"使仲由爲季氏宰,將墮三都"。在墮毁了叔孫氏的郈、季孫氏的費後,孟孫氏家臣公斂處父拒絶墮壞郕,計劃失敗。見《史記·孔子世家》。

柴也愚參也魯至億則屢中　章

柴也愚,參也魯,師也辟,由也喭。子曰:"回也其庶乎? 屢空。賜不受命,而貨殖焉,億則屢中。"

記者因夫子論回、賜而推夫子之意,或夫子所嘗道及,故先叙四子。此補叙法。

或曰:"參以魯之得,則我異乎?"曰:"否。""得則我重乎?"

曰：“否。”“得則我可法而可傳乎？”曰：“否。”“然則何貴乎得道？”曰：“得則無失，戰戰兢兢，如臨深淵，如履薄冰。蓋人生艱危易失如此。知此，則知道不可得，而得之足貴矣，又何有於其他？”

“億則屢中”，言其天資穎異，無所秉承，億度多中於理，其顏子之亞於？貨殖亦古聖經劃，不害人心，衹以壟斷者多，致人淺薄。子貢自別，然未免有欲贏意，故曰“不受命”。此處輸顏一等。顏子庶幾，子貢屢中。夫子都在能貧上低昂一番，豈貧即道，不貧即非道耶？蓋貧爲害心第一關，最足驗人學力淺深，此非盡取古今人物切究之不知也。若無用而貧，計無所之，至於閉户僵臥，沿門乞食，古人亦無此風尚。貧不可不安，生不可不治。九貢九賦，天子之治生也；本天因地，士庶人之治生也。

《論語》中回、賜并及者再，抑揚考校，情溢乎辭。

子張問善人之道　章

子張問善人之道。子曰：“不踐迹，亦不入於室。”

不踐迹而入於室者，生知之聖人也。踐迹而入於室者，學知之聖人也。善人亦自有道，不踐迹亦不入於室。

或問“不踐迹”，曰“不學”。問“入室”，曰“恰好”。曰：“善人可略舉之乎？”曰：“此亦不易。若楊關西[一]、陳太丘[二]、管遼東[三]之倫，抑堂堂乎張，難與爲仁，是此章確注。”

【注】

[一]楊關西：楊震，字伯起，東漢弘農華陰（今陝西華陰）人。自幼通曉經籍，有“關西孔子楊伯起”之稱。早年潛心求學，五十歲時始應大將軍鄧騭徵辟，歷任荆州刺史、東萊太守、太僕、太尉等職。爲人廉潔剛直，遭

中常侍樊豐等陷害，被罷官遣返回鄉，途中飲鴆自殺。

　　[二] 陳太丘：陳寔，字仲躬，東漢潁川許縣(今屬河南許昌)人。曾任太丘長，故時人稱之爲"陳太丘"。一生清高有德，聞名於世。

　　[三] 管遼東：管寧，字幼安，東漢北海郡朱虛縣(今山東安丘、臨朐東南)人。漢末中原大亂之時，他避居遼東，不慕名利，興教化俗，布衣終身。

論篤是與　章

子曰："論篤是與，君子者乎？色莊者乎？"

色莊，致飾於外也。言聽言者，宜觀其行。

王莽[一]謙恭下士，既篡位，致令四出如牛毛，大都附會先王之遺迹。漢兵已迫，猶盛服應斗勺而坐，揚言自詡其德。夫俊名義、飾形模而不由中，古來自有此一等作略。吾夫子所謂色莊者也，却被鴉目夫獨做到盡頭。

【注】

　　[一] 王莽：字巨君，西漢後期魏郡元城(今河北大名)人。漢元帝皇后王政君之侄，歷成帝、哀帝、平帝三朝，後自立爲帝，改國號"新"。王莽即位後以儒家經典爲指導方針和總體目標，實行一系列社會改革，如：將所有農田稱爲"王田"，私人不得買賣；奴婢爲私屬，也不得買賣；施行井田制；以金銀龜貝錢布爲貨幣；改革中央機構，加强相權、軍權；重新劃分郡縣，更改地名；立公、侯、伯、子、男五等爵，實行世襲制；等等。這些制度多不切實際，他又反復更動，導致更加混亂繁苛。最終民不堪命，群起造反，推翻新朝。

子路問聞斯行諸　章

子路問："聞斯行諸？"子曰："有父兄在，如之何其聞斯行之？"

冉有問：“聞斯行諸？”子曰：“聞斯行之。”公西華曰：“由也問‘聞斯行諸’，子曰‘有父兄在’；求也問‘聞斯行諸’，子曰‘聞斯行之’。赤也惑，敢問。”子曰：“求也退，故進之；由也兼人，故退之。”

箕子衍疇[一]，沉潛剛克，高明柔克。陽剛陰柔，易之體也。剛濟以柔，柔濟以剛，易之用也。聖人之所以爲教也。即後世佩弦佩韋亦此意。故曰：學問之道無他，變化其氣質之偏而已。觀夫子進求退由，比以作君，象以作師，君師之道不出此矣。

【注】

[一] 箕子衍疇：箕子名胥餘，商王文丁的兒子，紂王的叔叔，封於箕（今屬山西陵川）。相傳商亡後，他曾隱居箕。傳說他向周武王講述過洪範九疇。

子畏於匡顏淵後　章

子畏於匡，顏淵後。子曰：“吾以女爲死矣。”曰：“子在，回何敢死？”

“吾以女爲死矣”，積愛生懼。“子在，回何敢死”，隱然有與之并命意。

夫子豈不知顏子無年？特不忍言耳。畏匡之問，頂喉傾出，意態可想。“子在，回何敢死”六字，千古能自作主矣。想見鷹陽當年。至於成敗在己，得失由人，對此直是浮意氣。

季子然問仲由冉求可謂大臣與　章

季子然問：“仲由、冉求可謂大臣與？”子曰：“吾以子爲異之問，曾由與求之問。所謂大臣者，以道事君，不可則止。今由與求也，可謂具臣矣。"曰："然則從之者與？"子曰："弑父與君，亦不從也。"

子路、冉有方事季①氏私門，子弟突有大臣之問，故爲失檢。然則從之者與語更孟浪。"弑父與君，亦不從也"，霹靂一擊，宵小褫魄。

子路使子羔爲費宰　章

子路使子羔爲費宰。子曰："賊夫人之子。"子路曰："有民人焉，有社稷焉，何必讀書，然後爲學？"子曰："是故惡夫佞者。"

自古年少而事權門，罕有不敗者，故以爲賊夫人之子。民人社稷，皆爲學實地，原不必靠定書冊，其言亦未爲不是。然非其本衷，特捷給以自解免耳。故夫子不責其言之非，而但斥其佞。若其言非是，何得爲佞？

鳴犢殺而孔子反駕[一]，雖仕以行義，未聞輕以身擲。貪夫徇財，烈士徇名，夸者死權：三者不同，其失同也。其失同者何也？曰：不仁。

惟書益人神智，乃或讀焉而益昏，何也？設科所以舉賢，乃或盛科名而益自放於不肖之途，抑又何也？是得不亟思其故耶？

聖人豈有以讀書爲學意？然而不辨者，蓋以其時學術大段尚明，詎知後世遂誤認此語，竟以讀書爲學。

【注】

　　[一] 鳴犢殺而孔子反駕：《史記·孔子世家》記孔子本想到晋國見趙

_____

① "季"，原誤作"冉"，據文意改。

簡子，到黃河邊聽到晉國賢臣竇鳴犢、舜華被趙簡子殺死的消息，評道：
"趙簡子未得志之時，須此兩人而後從政；及其已得志，殺之乃從政。丘聞
之也，刳胎殺夭則麒麟不至郊，竭澤涸漁則蛟龍不合陰陽，覆巢毀卵則鳳
皇不翔。何則？君子諱傷其類也。夫鳥獸之於不義也尚知辟之，而況乎
丘哉！"於是返回衛國。

子路曾晳冉有公西華侍坐　章

　　子路、曾晳、冉有、公西華侍坐。子曰："以吾一日長乎爾，毋
吾以也。居則曰：'不吾知也！'如或知爾，則何以哉？"子路率爾
而對曰："千乘之國，攝乎大國之間，加之以師旅，因之以饑饉；由
也為之，比及三年，可使有勇，且知方也。"夫子哂之。"求！爾何
如？"對曰："方六七十，如五六十，求也為之，比及三年，可使足
民。如其禮樂，以俟君子。""赤！爾何如？"對曰："非曰能之，願
學焉。宗廟之事，如會同，端章甫，願為小相焉。""點！爾何如？"
鼓瑟希，鏗爾，舍瑟而作，對曰："異乎三子者之撰。"子曰："何傷
乎？亦各言其志也。"曰："莫春者，春服既成，冠者五六人，童子
六七人，浴乎沂，風乎舞雩，咏而歸。"夫子喟然嘆曰："吾與點
也！"三子者出，曾晳後。曾晳曰："夫三子者之言何如？"子曰：
"亦各言其志也已矣。"曰："夫子何哂由也？"曰："為國以禮，其言
不讓，是故哂之。""惟求則非邦也與？""安見方六七十如五六十
而非邦也者？""惟赤則非邦也與？""宗廟會同，非諸侯而何？赤
也為之小，孰能為之大？"

　　聖人以天地萬物為一體，凡在同人，誰無此心？然非具經濟
實用，亦何以與人家國事？一日，四子侍坐，不覺又觸動濟世殷
懷，惓惓致詢。彼一切高尚之事、曠達之見，所不忍存，蓋其心未

嘗一時忘天下也。三子皆確有所以不孤。夫子問點，獨從容鼓瑟不輟於禮末，是即其言志，亦不過流連光景，始終一狂士故態，爲清談濫觴，與夫子課實意大相刺謬，有何足與？而夫子特與之耶？竊嘗熟思之，"與"當依《説文》作"黨與"。"吾非斯人之徒與，而誰與"，又"行道德吾與"，正此義。蓋其時孔子已老，栖栖卒無所合，而二三子皆堪有爲，酬志亦復無期，反不如點之隨時有以自樂也。故曰"吾與點也"，謂與點共童冠之樂也。一段高興，却被點説得冰冷，俯仰往復，窮途思轉。"喟然嘆"，感傷而嘆，非嘉喜而嘆也。曰"與點"，實愴然有浮海意。及與曾皙歷論三子，辭氣未平，猶是喟然餘音。記者於子路特書曰"率爾"，早爲"哂"字點睛立案，見非哂其志。於點備列其鼓瑟之狀，據事直書，是非自見，蓋以示貶。又於"與點"後將夫子與曾皙一番議論詳叙，繁而不殺，并以見夫子與點別有深情，恐人錯會耳。此章夫子言外有言，記者筆外有筆。

論語義疏卷十二

顏淵問仁子曰克己　章

顏淵問仁。子曰："克己復禮爲仁。一日克己復禮，天下歸仁焉。爲仁由己，而由人乎哉?"顏淵曰："請問其目。"子曰："非禮勿視，非禮勿聽，非禮勿言，非禮勿動。"顏淵曰："回雖不敏，請事斯語矣。"

爲邦，明王道也。此章，明天德也。王道在盡制，故歷稽乎四代;天德在盡性，故切求諸一己。天德者，天之理也。禮者，天理自然之節文，無過不及而著於萬事，所謂"約我以禮"者是也。性之德也，統而言之，仁也。己者，我也。萬物皆備也，爲己、求己、修己、盡己，皆己也。克，能也。克明、克長、克諧、克謹，皆克也。己上參乎天而下與人對，克己則有以復禮，得乎天而人胥從而化矣。一日復禮，天下歸仁，即反身而誠，樂莫大焉。夫子與顏子言及此，興高神往，眉宇飛動，直將極天地、窮古今，凡有血氣者，都收納在一體同仁中，是何等情懷! 天德也，而王道行矣。旋又鄭重提唱"己"字，推堪愈醒。子思慎獨，曾子誠意，孟子反身，前後一脉，滴滴歸源。視聽言動，皆己分言之，故爲目非禮勿視聽言動，即克即復，無有兩事。

仲弓問仁子曰出門　章

仲弓問仁。子曰：“出門如見大賓，使民如承大祭。已所不欲，勿施於人。在邦無怨，在家無怨。”仲弓曰：“雍雖不敏，請事斯語矣。”

仁無往而不在也。見賓承祭，敬之事；不欲勿施，恕之事，皆仁之用也。邦家無怨，所謂：禮人不答反其敬，愛人不親反其仁。勘進一步，以杜滲漏，反身切己，功益密實。孫子曰：“我自家不怨，正爲仁之功。孔門不怨不尤家法，家邦無怨於我亦在其中。但所重不在此，一有求家邦無怨意，成鄉愿矣。”①

合觀夫子所以告顏、冉者，抑何其切近平實也。大抵聖賢之學，在日用尋常、共睹共聞處着力。由共睹共聞推而益密，至隱微處不敢荒怠，即《中庸》所謂“戒慎乎其所不睹，恐懼乎其所不聞”也。共睹共聞之末事，而事乎其所不睹不聞，遁於虛矣。若并及之睹聞而胥泯焉，則愈虛矣。學者勢不至於畫然委去不止，何也？杳然無所致力也。其資高而銳者，闖入禪關。

司馬牛問仁　章

司馬牛問仁。子曰：“仁者其言也訒。”曰：“其言也訒，斯謂之仁已乎？”子曰：“爲之難，言之得無訒乎？”

知恥知怍，心之本體，本心不失，其言自訒。司馬氏輕視訒字，全未重勘。言經夫子貼心一呼，定當怵然驚汗，方會得仁之

---

① 見孫奇逢《四書近指》卷九。

於我，處處管到。

繼之者善也，善即禮也；成之者性也，性即己也。克己復禮，盡性以還繼者之善。天人融一，孟子所謂"上下與天地同流"也。三子問仁，告顏子者，仁之本體，全量畢見；告仲弓者，仁之實功；告司馬牛者，仁之一節而矣。夫子因人施教，分寸不失，無一儱侗語，故人人省發，當即着力。

司馬牛問君子　章

司馬牛問君子。子曰："君子不憂不懼。"曰："不憂不懼，斯謂之君子已乎？"子曰："內省不疚，夫何憂何懼？"

不憂者無所憂也，不懼者無所懼也，其要在於慎獨。夫憂懼不外於疚心，隱微之地，查勘由我，天人無權。內省不疚，夫何憂何懼？非君子，其孰能之？

鹿氏曰："人心最靈，自己不能掩。會算計人大用工夫，不使留半星疚惡，便占去天下第一等便宜。不憂不懼是受用，而內省不疚大不容易。咬定精鐵，寂寂寞寞，冷冷淡淡，萬苦千辛，纔得出來。"①

司馬牛憂曰人皆有兄弟　章

司馬牛憂曰："人皆有兄弟，我獨亡。"子夏曰："商聞之矣：

---

① 見鹿善繼《四書説約》卷十二。鹿著作："惟心最靈，自己亦不能掩。會算計的大用工夫，不使留半星兒疚惡，便占了天下第一等好漢，討便宜的緊。不憂不懼是受用，而內省不疚儘不容易。《中庸》《大學》衹此四字括盡。咬定精鐵，寂寂寞寞，冷冷淡淡，萬苦千辛，纔挣的出來。"

死生有命，富貴在天。君子敬而無失，與人恭而有禮，四海之内，皆兄弟也。君子何患乎無兄弟也？"

夫舞蹈歌哭者，傀儡也；所以舞蹈歌哭者，非傀儡也。天之於人亦如是。知此，則可以袪惑而定志。

貧乃士之常，無足言者。便道今日死，但自忖無取死之道，亦祇好順受吾正，含笑入地，順受吾正。若内省不疚，而復不以貧賤死生動其心，乃是何憂何懼做到頭，豈不誠落落天地間大丈夫？

鹿氏曰："四海兄弟之言，真宇宙間一段大消息，須豁開心胸，展放眼界。"①愚謂矜高之士，一綫不放，少有不合，紛紜立起，至於所在參商，爲世間礙物，坐此義不明耳。若果敬而無失，與人恭而有禮，人情不甚相遠，到處亦自翕洽。觀堯夫居洛[一]，賢者樂其德，不肖者服其化。以介甫之執拗不情，始終不怒，伯淳可以類推。子夏蓋聞於孔子，聖賢不欺人也。然細玩"敬而無失""恭而有禮"，是何等小心周到，不知費幾許槌鍊，方有此火候。豈略帶意氣者所能？無怪乎孤賢獨味，而世路之不易行也。

【注】

[一] 堯夫居洛：邵雍，字堯夫，北宋范陽人，自幼居共城（今河南輝縣）。創立先天象數學。朝廷屢次授官都不赴。長居洛陽，與富弼、司馬光、吕公著等過從甚密。他的朋友爲他購買住宅。邵雍在其中自耕自種，名宅爲"安樂窩"，自號"安樂先生"。邵雍性情平和，與各界人士都能和諧相處。

---

① 見鹿善繼《四書説約》卷十二。鹿著作："四海兄弟之言，真是宇宙間一段真消息，豁開心胸，展放眼界。"

子張問明子曰浸潤之譖　章

子張問明。子曰："浸潤之譖,膚受之愬,不行焉,可謂明也已矣。浸潤之譖,膚受之愬,不行焉,可謂遠也已矣。"

譖者而入之以漸,愬也而持之有據,自非明者,未有不行者矣。如此而不行,明也即遠也。遠必自近,明乎近之謂遠。

子貢問政子曰足食　章

子貢問政。子曰："足食,足兵,民信之矣。"子貢曰："必不得已而去,於斯三者何先?"曰："去兵。"子貢曰："必不得已而去,於斯二者何先?"曰："去食。自古皆有死,民無信不立。"

食重於兵,信重於食。夫子説出"自古皆有死,民無信不立",情辭斬然,一時間百端如洗,固已都無可言者。效死而民弗去,是此淵源。

棘子成曰君子質而已矣　章

棘子成曰："君子質而已矣,何以文爲?"子貢曰："惜乎,夫子之説君子也!駟不及舌。文猶質也,質猶文也。虎豹之鞟猶犬羊之鞟。"

棘子成欲挽時弊,不知已矯枉過正,子貢之言是也。鞟有質無文。

哀公問於有若曰年饑　章

哀公問於有若曰："年饑，用不足，如之何?"有若對曰："盍徹乎?"曰："二，吾猶不足，如之何其徹也?"對曰："百姓足，君孰與不足? 百姓不足，君孰與足?"

哀公意在加賦，宜其聞有子之言而怫然也。一經解釋，固是眼前情理，千人共見。夫民依於君，君取於民，君民一體，由來尚矣。晉陽彈丸[一]，尹鐸一事保障，至於沈竈産蛙，民無叛志。賢賢之言，定不迂也。

有子欲復井田舊制，自是碩畫，孟子時猶可行也。然觀其潤澤二字，是何等擘劃，有多少因時制宜處。愚嘗論之，孟子真不迂濶，但所遇皆庸主，若遇齊桓，其道亦行矣。當時争務富國强兵，孟子所以告齊、梁二君者，乃真富真强。彼商鞅、吳起[二]輩，豈真能富强者哉? 且夫自古興朝善國，亦安有不富不强者?

或曰："自井田變爲阡陌，而徹法不可復矣，是商君之爲之也。"應之曰："井田，古帝王之良法，然必不可行於井田既壞、阡陌既定、戶口日繁、詐僞日滋之後。孟子時井田已荒，古法之窮也。窮變通久，天之道也。"曰："郡縣何如?"曰："郡縣亦作如是觀。孟子曰：'定於一。''天得一以清，地得一以寧'者，天道也。阡陌、郡縣，是皆天之因時措置，彼商君者亦何能爲? 法雖變，但使上得其道，吏奉其職，則民安其業、樂其生，而治化行矣，雖三代何加焉?"

【注】

[一]"晉陽彈丸"句：戰國晉頃公時，晉國諸卿勢力强大，彼此争權。趙鞅命家臣尹鐸修整自己的采邑晉陽的防務，使之成爲趙氏堡壘，又行惠

民政策，聚攏民心。他後來在與智伯的戰爭中，遭放水灌城。水淹民居，至於竈没於水，滋生青蛙。但是晋陽百姓仍然上下一心，最終反敗爲勝。

　　[二]吴起：戰國時衛國左氏（今山西定陶）人，曾就學於子夏和曾申。後受楚悼王信用，主持變法，明法審令，集權中央，打擊貴族勢力，裁汰官員，杜絶私門請託，統一輿論。在這些措施之下，楚國國家力量迅速强大，百姓生活卻更加困難。

子張問崇德辨惑子曰主忠信
至亦祇以異　章

　　子張問崇德、辨惑。子曰："主忠信，徙義，崇德也。愛之欲其生，惡之欲其死。既欲其生，又欲其死，是惑也。'誠不以富，亦祇以異。'"

　　程子以"誠不以富"二句爲錯簡，當在十六篇"齊景公有馬千駟"之上。因此下文亦有"齊景公"字而誤也。

齊景公問政於孔子　章

　　齊景公問政於孔子。孔子對曰："君君，臣臣，父父，子子。"公曰："善哉！信如君不君，臣不臣，父不父，子不子，雖有粟，吾得而食諸？"

　　春秋之義，盡於是矣。爾時齊將爲陳，睹晏子與叔向語[一]，徒竊浩嘆，想是勢已難爲。正不知景公若用孔子，從何處下手。

【注】

　　[一]晏子與叔向語：《左傳·昭公三年》記齊景公派晏嬰到晋國請晋

平公繼續與齊國締婚。晋國大夫叔向宴請晏嬰。兩人談到各自的國事，都認爲上層驕奢淫逸，下層民不聊生。他們判斷自己的國家都處於末世，感到非常悲觀。

子曰片言可以折獄者　章

子曰："片言可以折獄者，其由也與？"子路無宿諾。

非佞折獄，惟良折獄。折獄以言民有遁情，民心折於未言之先，則不待其言之畢矣。子路無宿諾，因夫子之論記此，見其得力在平日，非可取辦於臨時。

聽訟吾猶　章

子曰："聽訟，吾猶人也。必也使無訟乎！"

孫子曰："大畏民志，無情者不得盡其辭，是無訟的証。"①又君子以作事謀始，絕訟端於始，獄亦無由生。

子張問政　章

子張問政。子曰："居之無倦，行之以忠。"

居之無倦，則政之體無不立；行之以忠，則政之用無不盡。

---

①　見孫奇逢《四書近指》卷九。孫著"是無訟的証"作"此其的証"。

博學於文　章①

子曰:"博學於文,約之以禮,亦可以弗畔矣夫!"

子曰君子成人之美　章

子曰:"君子成人之美,不成人之惡。小人反是。"

君子成人之美,全在精神意量間,有順以成之者,有逆以成之者。逆以成之者,其爲力難,其用心苦,其收效遠。小人反是。此小人不可測,説來使人不寒而慄,李林甫、盧杞[一]不足盡其情狀。世不乏英異之材,近君子則日以成,近小人則日以敗,各游其運量中而不自覺,士可不慎其所與哉!

【注】

[一] 李林甫、盧杞:李林甫,唐玄宗時宰相。盧杞,唐德宗時宰相。兩人都以陰險狡詐、黨同伐異知名。

季康子問政於孔子　章

季康子問政於孔子。孔子對曰:"政者,正也。子帥以正,孰敢不正?"

上行下效,以身格物,物無不化。

---

① 此章與卷六重複,平泉僅列原文,無義疏。

季康子患盜問於孔子　章

季康子患盜，問於孔子。孔子對曰：“苟子之不欲，雖賞之不竊。”

盜生於多欲。上有好者，下必有甚焉者矣。上真無欲，雖賞不竊，何患於盜乎？寡欲爲弭盜之本，一切刑名都不可恃。

鄭人患楚公子圍之以衆逆婦也[一]，辭焉婉甚。世事人情，故應如此，至不獲已，始正言拒之。我夫子晚年多正言，聽之也屬。説者曰：“身爲國老，可以正言矣。”正言固有時乎？

【注】

[一] 鄭人患楚公子圍之以衆逆婦：春秋時楚國公子圍到鄭國聘問，之後又準備帶領軍隊迎娶公叔段家的女兒，伺機在鄭國製造混亂。鄭國執政大臣子産婉言勸誡，終於弭禍。

季康子問政於孔子曰　章

季康子問政於孔子曰：“如殺無道，以就有道，何如？”孔子對曰：“子爲政，焉用殺？子欲善而民善矣。君子之德風，小人之德草。草上之風必偃。”

用法則勞，法屢行而屢犯；用德則逸，民日遷善而不自知。昔者，王烈[一]修善於鄉，不肖者敬憚之，曰：“刑罰是甘，幸勿使王彦方知之。”況在上者實操風化之柄哉！

【注】

[一] 王烈：字彦方，東漢平原（今屬山東德州）人。師從陳寔，與同門

荀爽、李膺等友好。學成後回到家鄉興辦學校，改易風氣。百姓信服他的教化。王烈後來避亂遼東，輔佐太守公孫度，仍然以德化民，地方大治。

子張問士何如斯可謂之達矣　章

子張問："士何如斯可謂之達矣？"子曰："何哉，爾所謂達者？"子張對曰："在邦必聞，在家必聞。"子曰："是聞也，非達也。夫達也者，質直而好義，察言而觀色，慮以下人。在邦必達，在家必達。夫聞也者，色取仁而行違，居之不疑。在邦必聞，在家必聞。"

內歧者外多争，行不篤則言肆。夫飾形模，矜考博，談高遠，重標榜，嚴抵排，五者皆心之蔽也，大抵不離潁孫氏所謂"達"云。如吾夫子語，則廓如矣。若第曰"質直""好義"，恐猶有未達。加以察言觀色，慮以下人，剛柔相濟，仁智并宣，何往不宜哉！看聖門是何等小心，然若非孔子之言，則或以爲脂韋矣，或以爲周旋世故矣。道之難明易昧也蓋如此。

鹿氏曰："亦知天下人心，惟名理可以聯絡。不知名理非可色取之物，人心亦非盡可愚，須索着實做來，從無言之地，自爲翕張，實意旁皇，可貫金石。原無論邦家，隨處皆順境。不然，我欺世，世終不爲我欺。就其炫耀聲名，亦可得之，而聞則有之，達則未也。"①

---

①　見鹿善繼《四書説約》卷十二。鹿著作："聞者亦知天下人心惟名理可以聯絡，不知名理非可色取之物，人心非盡可愚之場，須索着底做來，從無言之地自爲翕張，實意旁皇，可貫金石，原無論邦家，隨處皆順境。不然，我欺世，世終不爲我欺。就其炫耀聲名亦可得之，而聞則有之，達則未也。"

孫子曰：“‘聞’與‘達’之辨，闇與的之分也。質直好義，與色取行違。觀察慮下，與居之不疑相似也而實相反。一務實，一務名①。務實者以誠造慊，務名者以僞造欺。鄉愿亂德，正恐認聞爲達。端士趨者，可不首嚴於此？”

樊遲從游於舞雩之下　章

樊遲從游於舞雩之下，曰：“敢問崇德、修慝、辨惑。”子曰：“善哉問！先事後得，非崇德與？攻其惡，無攻人之惡，非修慝與？一朝之忿，忘其身，以及其親，非惑與？”

方事而即計其得，則謀爲盡是私心，何等卑下！己惡恐攻不去，舍而攻人慝，如何能修？一朝之忿，亡身及親，豈非世間第一種癡漢？樊遲與子張問略同而答異，想亦有説。

樊遲問仁子曰愛人　章

樊遲問仁。子曰：“愛人。”問知。子曰：“知人。”樊遲未達。子曰：“舉直錯諸枉，能使枉者直。”樊遲退，見子夏曰：“鄉也吾見於夫子而問知，子曰：‘舉直錯諸枉，能使枉者直。’何謂也？”子夏曰：“富哉言乎！舜有天下，選於衆，舉皋陶，不仁者遠矣。湯有天下，選於衆，舉伊尹，不仁者遠矣。”

樊遲問仁，子曰“愛人”。遲聞②此言，略打一定。其意蓋以

---

① 見孫奇逢《四書近指》卷九。孫著“務名”作“近名”，下同。
② “聞”，原誤作“問”，據文意改。

愛人爲仁，吾知之矣，若智則又何稱焉？及夫子答曰"知人"，遂覺智之有礙於仁，容貌間露出疑團。夫子微窺之，旋復言曰"舉直錯諸枉，能使枉者直"，蓋用以釋遲之疑。而遲未問也，夫子亦未明示，以再言之故。"樊遲未達"四字，乃記者特從旁一筆點出以明"舉錯""能使"之言，因遲未達而發，而遲則不喻也。見子夏曰："鄉也吾見於夫子而問智，'舉直錯諸枉'，是智也，又曰'能使枉者直'，則何也？"此時將問仁早已擱置矣。及子夏告之云云，兩言不仁者遠，遲始悟智不礙仁，而"舉直""能使"之言，所以釋我之疑也。此章前後機括都繫在"樊遲未達"四字上。於四字欠理會，便是失落桃園，無從問津。

子貢問友子曰忠告　章

子貢問友。子曰："忠告而善道之，不可則止，毋自辱焉。"

悃篤以盡其情，婉轉以盡其辭，如是猶不可而而不止，是愚人也，取辱必矣。

曾子曰君子以文會友以友輔人　章

曾子曰："君子以文會友，以友輔仁。"

文者仁之著，揖讓、講論、撰述皆是也。會不以文，虛會也；友不輔仁，狎友也。

論語義疏卷十三

子路問政　章

子路問政。子曰：“先之勞之。”請益。曰：“無倦。”

政在化民，先之以身率其心；政在勤民，勞之以身率其力。然先不盡其先，勞不盡其勞，若能無倦而政成矣。此自強不息之學，即久道化成之治。

孫子曰：“做事第一要耐煩，一切跌磕蹭蹬、歡喜愛慕，都忍耐過去，纔是經綸好手。若激得動，引得上，到底結果有限。‘先勞’是萬古治亂盛衰之所繫，‘無倦’是萬古自治而亂、自盛而衰之所繫。”①

仲弓爲季氏宰問政　章

仲弓爲季氏宰，問政。子曰：“先有司，赦小過，舉賢才。”曰：

---

① 見孫奇逢《晚年批定四書近指》卷九。平泉所引有刪減。孫著作：“做事第一要耐煩心腸，一切跌磕蹭蹬、歡喜愛慕景象都忍耐過去，纔是經綸好手。若激得動，引得上，到底結果有限。上下文祇一意，非有兩層。聖人非因子路所長，迪以‘先勞’是萬古治亂盛衰之所繫；非因子路所短，益以‘無倦’是萬古自治而亂、自盛而衰之所繫。”

“焉知賢才而舉之？”子曰：“舉爾所知。爾所不知，人其舍諸？”

　　孫子曰：“以天下之治付之天下之人，至用天下之人亦仍付之天下之人，總是持寬大，尚體要，我與天下共游於簡易之中。”①愚謂：真賢才委實難知，闇然不求聞達，左右近習不通聲氣，宦官宮委不知名姓，故仲弓有“焉知”之問。是固在在上者特地留心，明目達聰，提振起舉賢大機括耳。

子路曰衛君待子而爲政　章

　　子路曰：“衛君待子而爲政，子將奚先？”子曰：“必也正名乎？”子路曰：“有是哉，子之迂也！奚其正？”子曰：“野哉由也！君子於其所不知，蓋闕如也。名不正，則言不順；言不順，則事不成；事不成，則禮樂不興；禮樂不興，則刑罰不中；刑罰不中，則民無所錯手足。故君子名之必可言也，言之必可行也。君子於其言，無所苟而已矣。”

　　正名二字，未見確義。就以衛君之立爲名不正，則夫子所謂正名者，必自有道。惜未見諸行事，後人安得而知之？若如胡氏之論[一]，恐不免如子路所云耳，抑豈衹迂直是亂也。儒者持論，亦欲翊經以爲教。若此等話説，使人如何秉承？不敢强解，俟之俟之。

【注】

　　[一]胡氏之論：指胡安國對“正名”的討論，原文已佚。朱熹《論語集注》卷七引文爲：“胡氏曰：‘衛世子蒯聵耻其母南子之淫亂，欲殺之，不果

而出奔。靈公欲立公子郢，郢辭。公卒，夫人立之，又辭。乃立蒯聵之子輒，以拒蒯聵。夫蒯聵欲殺母，得罪於父，而輒據國以拒父，皆無父之人也，其不可有國也明矣。夫子爲政，而以正名爲先，必將具其事之本末，告諸天王，請於方伯，命公子郢而立之，則人倫正，天理得，名正言順而事成矣。夫子告之之詳如此，而子路終不喻也。故事輒不去，卒死其難。徒知食焉不避其難之爲義，而不知食輒之食爲非義也。"

樊遲請學稼　章

　　樊遲請學稼。子曰："吾不如老農。"請學爲圃。曰："吾不如老圃。"樊遲出。子曰："小人哉，樊須也！上好禮，則民莫敢不敬；上好義，則民莫敢不服；上好信，則民莫敢不用情。夫如是，則四方之民襁負其子而至矣，焉用稼？"

　　舜耕歷山，伊尹耕有莘之野。古人入横經，出負耒，農圃非不可爲之事。但樊遲托業聖門，所學何事？正當志其遠大，以宏猷爲。夫子日日欲挽衰周爲三代，亦望諸弟子作幫帖耳，是何等心胸！遲乃忽學農圃耶？與夫子意大相違。然亦無從面斥其非，俟其出而嘆其爲小人，言其所志者小也。遂又徐徐吐出自己一段情懷，略用自譴，亦以廣遲之識量。

子曰誦詩三百　章

　　子曰："誦《詩》三百，授之以政，不達；使於四方，不能專對；雖多，亦奚以爲？"

　　達者常事知經，變事知權。專對者不受辭於君相，不假助於介紹。此非博通古今而真有得於心不能也。六經惟《詩》於此尤切，若盡誦之，宜無不綽綽矣，而猶面墙辱國，斯誠所謂懦生俗士、不達時務者耳，雖多奚爲？

子曰其身正不令而行　章

子曰："其身正，不令而行；其身不正，雖令不從。"

以身教者從，以言教者訟。令者上之所以命下也，有相臨相督之意，不知全不關緊。

子曰魯衞之政兄弟也　章

子曰："魯衞之政，兄弟也。"

夫子生長於魯，嘗三至衞，最所留心。觀彼觀此，得失顯然。本兄弟之國，政亦何其相類？大都是紀綱不立，無人整頓，日就削弱。

子謂衞公子荆善居室　章

子謂衞公子荆："善居室。始有，曰：'苟合矣。'少有，曰：'苟完矣。'富有，曰：'苟美矣。'"

居室亦復何常？或多藏而日憂，或空乏以自樂，甘苦隨人自領耳。公子荆[一]境遇屢變，澹定不移，若相與無相與，消却人多少癡夢。齊豹之亂，荆爲參乘，豹射公，荆承之以背，公得免。其殉君之義又何其壯哉！是可知之於居室時也。何也？

約於欲者義必宏。

【注】

[一]公子荆：字南楚，春秋時衛國大夫，衛獻公之子。魯昭公二十年（前514），衛國司寇齊豹作亂。時公子荆爲衛靈公參乘，爲保護靈公，被齊氏射死。一説以背承箭者爲他人。

子適衛冉有僕　章

子適衛，冉有僕。子曰："庶矣哉！"冉有曰："既庶矣，又何加焉？"曰："富之。"曰："既富矣，又何加焉？"曰："教之。"

孫子曰："由庶而富而教，是帝王聖賢厚生正德之功，作君作師之事，三代後鮮有舉此職者。夫子素切於懷，雖未見諸行事，於衛略露其端倪，乃期月三年實際精神都須在'庶矣哉'上，想像發慨光景。"①庶者，大治大亂之所由，大聚大散之所始也。富、教，總是保其庶。愚謂：漢重孝弟力田，最得此意。夫古道雖屈，未聞②以董農桑、教孝弟致過者。王道本乎大同，教不肅而易行也。夫子之言通乎萬世。

荀氏悦曰："人不畏死，不可懼以罪；人不樂生，不可勸以善。故在上者先豐民財以定其志，是爲養生。禮教榮辱以加君子，化其情也；桎梏鞭扑以加小人，化其形也。若教化之廢，推中人而墜於小人之域；教化之行，引中人而納於君子之塗。

---

①　見孫奇逢《四書近指》卷十。"雖未見諸行事"至"'庶矣哉'上"，孫著作："雖未見諸行事，而偶觸於衛，聊以露其端倪。此便是期月三年的實際通章，精神須在庶'矣哉'上想像發慨光景。"

②　"聞"，原誤作"問"，據文意改。

是謂章化。"①按：此即夫子富教之旨，發揮得異樣真切。

保庶之道，曰富曰教。孟子所以告齊梁之君，亦不出此。夫人一日不再食則飢，終歲不製衣則寒。飢寒并至，而能無爲非者鮮矣。是故衣食足而後知禮義，蒸庶同然。聖賢經綸，定不迂也。金溪陸氏一門數千指，内外雍睦。嘗見陸梭山《居家》《制用》篇，其於日用一切所需，雖極纖悉，皆豫調度，若力不能給，則減損應酬，寧爲不足？深以鬻産爲破家，諄諄致戒。蓋亦推本吾夫子之意云。

子曰苟有用我者　章

子曰："苟有用我者，期月而已可也，三年有成。"

莫究莫殫。此等議論，想當時不獨晏子爲然，故特發如"有用我"之語。孔夫子不是忍俊不禁，眼看生齒日繁，邪僞日滋，上之人不急思有以整理之，日變而歲不同，視此芒芒，將復何極？

---

①　引自孫奇逢《四書近指》卷十。原文見荀悦《申鑒》卷一《政體》："民不畏死，不可懼以罪；民不樂生，不可觀以善。雖使契布五教，咎繇作士，政不行焉。故在上者先豐民財以定其志，帝耕籍田，后桑蠶宮，用力不妄加，以周民事，是謂養生。君子之所以動天地，應神明，正萬物而成王治者，必本乎真實而已。故在上者審則儀道以定好惡，善惡要於功罪，毀譽效於準驗，聽言責事，舉名察實，無或詐僞以蕩衆心。故事無不覈，物無不切，俗無奸怪，民無淫風。百姓上下睹利害之存乎已也，故肅恭其心，慎修其行，内不忒惑，外無異望，慮其睹，去微倖，無罪過，不憂懼，請謁無所聽，財賂無所用，則民志平矣，是謂正俗。君子以情用，小人以刑用。榮辱者，賞罰之精華也。故禮教榮辱以加君子，化其情也；桎梏鞭扑以加小人，治其刑也。君子不犯辱，況於刑乎？小人不忌刑，況於辱乎？若夫中人之倫，則刑禮兼焉。教化之廢，推中人而墜於小人之域；教化之行，引中人而納於君子之塗。是謂章化。"孫氏有删改。

輾轉籌度，真覺急不自耐。此時已近看到七雄并争，遠看到千里無烟，豈是尋常攏算？我夫子全體皆仁，相傳明季之亂，曲阜聖像流泪三日，猶信下遂接“勝殘去殺”，情見乎辭。

天以至仁，造區夏，育萬物，惟拂戾足以賊之。拂戾者，乖氣也。拂戾流而爲刻忍，刻忍極而爲兵燹。嗟嗟！世界若至此，尚忍言哉！要之，皆拂戾者有以基之也。拂戾之賊仁也如是，而乘權者或故藉之以作威福，士大夫亦且或認爲風操而挾之矜氣於人，人即奈何不長慮却顧而沉思其極也！

子曰善人爲邦百年　章

子曰：“善人爲邦百年，亦可以勝殘去殺矣。誠哉是言也！”

天之生物，無不有以安全之。況人爲萬物之靈、五行之秀氣，奈何至於殘也殺也？是在上者之過也。邳隆縱難期，殘安可不勝？殺安可不去？然誰其勝之？誰其去之？即或有志於此，而不得夫勝之、去之之道，安在其可以勝殘去殺也？惟古人有言曰：善人爲邦百年，亦可以勝殘去殺矣。或疑善人醇醇悶悶，不見才略，未必有濟。不知日計不足，月計有餘，蘊釀既久，和氣漸臻。其言誠哉！其不誣也。

如有王者　章

子曰：“如有王者，必世而後仁。”

善人之治，不過勝殘去殺而止。如有王者，而仁可期也，然豈易言哉？我竊熟籌之，必世而後仁。仁者，道德一，風俗同，太

和翔洽，所謂聖人久於其道而天下化成，又非善人所能致也。此
與上章蓋一時之言。

子曰苟正其身矣於從政乎何有　章

子曰："苟正其身矣，於從政乎何有？不能正其身，如正人何？"
與"其身正"章同義。

冉子[①]退朝子曰何晏也　章

冉子退朝。子曰："何晏也？"對曰："有政。"子曰："其事也。
如有政，雖不吾以，吾其與聞之。"
冉子盡心私門，夫子屢斥責之。大夫安得有政？"其事也"
三字極嚴冷，然使曰"有事"，未必不曰其政也。

定公問一言而可以興邦有諸　章

定公問："一言而可以興邦，有諸？"孔子對曰："言不可以若
是其幾也。人之言曰：'爲君難，爲臣不易。'如知爲君之難也，不
幾乎一言而興邦乎？"曰："一言而喪邦，有諸？"孔子對曰："言不
可以若是其幾也。人之言曰：'予無樂乎爲君，惟其言而莫予違
也。'如其善而莫之違也，不亦善乎？如不善而莫之違也，不幾乎

---

① "冉子"，原作"冉有"，據正文改。

一言而喪邦乎？”

爲君難，莫予違，恰相反背。知爲君難，必不敢樂莫予違；樂莫予違，必不知爲君難。一念之殊，各據一言，興邦喪邦，捷如發機。取自古史氏所録興喪全案，通盤一算，直是絲毫不爽。聖人之言，萬代金鏡也。士庶人之得失禍福亦然。

言“莫予違”，有何可樂？然人情大抵順之則喜，逆之則怒，自古然矣。若能於此别具識力，參得失之林，赴機事之會，則舉止深穩，於事必有所濟。小可以安身寧家，推之即統馭之宏才，然非天資極高、歷動心忍性之猛者不能也。

唐莊宗[一]嘗謂群臣曰：“朕於十指上得天下。”蓋嘗手抄《孝經》一部。其言義甚高，然課虚不課實。功臣誰不解體？高季興[二]以是決其不終，斯以所謂喪邦也與？

【注】

[一]唐莊宗：李存勗，後唐開國皇帝，早年能征善戰，後期昏暴，在兵變中被殺。

[二]高季興：五代時朱温的部將和養子，官荆南節度使。後唐建立，他到洛陽朝見唐莊宗，聽到唐莊宗這句話，回去後向幕僚評價唐莊宗道：“矜伐如此，則他人皆無功矣，其誰不解體？又荒於禽色，何能久長？”見《資治通鑑》卷二七二《唐紀一》。

葉公問政　章

葉公問政。子曰：“近者説，遠者來。”

近悦遠來，言政之效未及其本，待其復問而告之耶？欲其自悟耶？觀於如望歲，如望慈父母，其於悦來之義，亦庶幾其近之矣。

子夏爲莒父宰問政　章

子夏爲莒父宰，問政。子曰：「無欲速，無見小利。欲速，則不達；見小利，則大事不成。」

鹿氏曰：「政原求達，欲速則失其條理節候，所謂越忙越在後也。至於大事一成，勝小補萬倍，而天下無全利全害之事，祇擇其利多害少者爲之。見小利則大利當興、大害當革者，以小不能割，而坐隳其成矣。」①按：爲政得失之機，決諸此矣。自古聖賢幾不失此，謹愨者殆又甚焉。

葉公語孔子曰吾黨有直躬者　章

葉公語孔子曰：「吾黨有直躬者，其父攘羊，而子證之。」孔子曰：「吾黨之直者異於是：父爲子隱，子爲父隱。直在其中矣。」

世俗眼光如豆，而責人務極其難，子能證父，纔算直佰到頭。葉公頗爲傭中佼佼，乃亦鄭重舉以爲言，曰「吾黨」似有驚異，自多意説來，真令人眉蹙如鎖。夫子隨口也説「吾黨」，先爲劃開鴻溝，然後説「父爲子隱，子爲父隱」。相隱大是不直，而直乃在其中。吾黨之直，其異如此，所以開示葉公不小。

春秋時世教衰微，爭尚奇特矯激之行，葉公賢者，亦不免此。看夫子之言，何等平易？是乃天理人情之至。由此而推論之，鄧

---

① 見鹿善繼《四書説約》卷十三。鹿著作：「政原求達，而欲速，則草率緊急，循不得事的條理，等不得事的節候，所謂越忙越在後也。至於大事一成，勝小補萬倍。而天下無全利全害之事，祇擇其利多害少者爲之，見小利，則大利當興、大害當革者皆以小有所不能割，而坐隳其成矣。」

攸救佡而繋子於樹,亦太甚矣,是爲滅絶生理。又高允恐負翟黑子[一],甘於滅族,矯爲其難,實非道揆。且黑子宜直,允宜曲,兩不相蒙,即從太子令,亦何負翟黑子哉!

【注】

　　[一]"高允恐負翟黑子"句:高允,北魏太武帝拓跋燾時任中書侍郎。翟黑子,北魏遼東公,有寵於太武帝,出使并州,受賄布千匹,事泄,問同僚皇帝如問起時宜自首還是宜隱瞞。高允勸自首,崔覽、公孫質勸隱瞞。後黑子選擇隱瞞,觸怒太武帝,被殺。高允爲太武帝之子景穆太子的老師,後與崔浩編纂北魏國史,直書拓跋氏早期歷史,冒犯太武帝。太子拓跋晃教高允把罪過推給崔浩。高允不同意,據實稟告太武帝。太武帝感動於他的誠實,没有治罪。

樊遲問仁子曰居處恭　章

　　樊遲問仁。子曰:"居處恭,執事敬,與人忠。雖之夷狄,不可棄也。"

　　"致虚以求静之一,致慎以防動之流",少時嘗聞是語矣。然何如居處恭,執事敬?大抵聖人語無不平實,聖人便多妙語隽義,特此以讀聖賢書,若辨蒼素,而工夫亦自有著落矣。

　　鹿氏曰:"居處、執事、與人,日用都賅。恭、敬、忠,隨在異名,總是提良心作主,非三樸生活也。"①

　　① 見鹿善繼《四書説約》卷十三。鹿著"日用都賅"作"便把日用盡了","非三樸生活也"作"非三樣生活也"。

子貢問曰何如斯可謂之士矣　章

子貢問曰："何如斯可謂之士矣？"子曰："行己有恥，使於四方，不辱君命，可謂士矣。"曰："敢問其次。"曰："宗族稱孝焉，鄉黨稱弟焉。"曰："敢問其次。"曰："言必信，行必果，硜硜然小人哉！抑亦可以爲次矣。"曰："今之從政者何如？"子曰："噫！斗筲之人，何足算也？"

夫子此番與子貢論士，是通天徹地、亘古及今大算盤。通共校量起來，若者可謂士，若者次，若者又次，不濫不溢，各分等第，大都都是有恥人。一問到今之從政，夫子便覺不耐，不禁放聲浩嘆，以爲斗筲之人何足算。不是夫子輕忽如此，大算盤中委實算不到。夫子此一"噫"，當時間覺得滿目蕭蕭，山空林寂，孤月皎然。

夫子與子貢論士，其一國士也，其次一鄉之善士也，又其次獨行之士，以次而降，較若權衡，章章矣。後世論士大，率與此相倒置，彼斗筲者因而得以藉口矣。

子曰不得中行而與之必也狂狷乎　章

子曰："不得中行而與之，必也狂狷乎？狂者進取，狷者有所不爲也。"

狂，乾道也，得乾之健而動，故進取。狷，坤道也，得坤之道而順，故有所不爲。天地交而爲泰，剛柔正而得位，爲既濟，則中行也。孫子曰："千古聖人，俱是狂狷做成。夫子以狂狷兩路收盡有道種子，又以狂狷兩路絕盡世間假冒種子。"①愚謂：不痛不癢，良醫無所措手，故聖人思狂狷。然狂狷皆中行鉅癢，癢去而中可幾也。狂狷有可造之美質，睠望正深。

或曰："士君子德器不周，權術不備，時命不猶，往往以狂而失，故惟'有所不爲'四字爲金石寶符。士猶得以禮義節廉，卓然爲名臣碩士。"昔有人問陽明請交，答曰："儲柴墟[一]可。"按：是皆移下一格，聊固吾圉之意，事固有未易深求者與？

愚嘗博稽近世儒者之書，大都好爲艱難繁苦之言，尚奇節，飾形模，殉名譽，輕死生，薄幹濟，泥古而蔑今。考諸古聖賢所云，殊不然。是其爲道也，大抵不出孔子所謂狷者近是。狷者，聖人之所思而欲進之者也。然而承學之士，奉爲圭臬矣，步趨少失，往往流爲迂曲無用，或矜己不情，爲世間礙物，斯又聖人之所憂。

【注】

[一]儲柴墟：儲巏，字静夫，號柴墟，明直隸泰州（今江蘇常州）人。成化二十年(1484)進士，因連中會元、解元，名噪一時。曾任户部左侍郎、南京吏部左侍郎等職。與王陽明爲好友。

子曰南人有言曰人而無恒　章

子曰："南人有言曰：'人而無恒，不可以作巫醫。'善夫。""不恒其德，或承之羞。"子曰："不占而已矣。"

恒者，天道也。恒足以作聖，無恒不足作巫醫，且或承之羞矣。人□□□人之言，玩易之占，何至無恒？

---

① 見孫奇逢《晚年批定四書近指》卷九。孫著"俱是狂狷做成"作"俱是狂狷做成的"。

君子和而　章

子曰：“君子和而不同，小人同而不和。”

鹿氏曰：“晏子之論極透，和同相似實相反。士大夫於此辨心術，天下於此分治亂。”①

子貢問曰鄉人皆好之何如　章

子貢問曰：“鄉人皆好之，何如？”子曰：“未可也。”“鄉人皆惡之，何如？”子曰：“未可也。不如鄉人之善者好之，其不善者惡之。”

皆好，安知非鄉愿；皆惡，或實有遺行。善者好，不善者惡，真品出矣。然誰善誰不善，仍須自己先校準定盤星。

子曰君子易事而難説也　章

子曰：“君子易事而難説也。説之不以道，不説也；及其使人也，器之。小人難事而易説也。説之雖不以道，説也；及其使人也，求備焉。”

君子順理不從欲，故易事難悦，器使者各隨其才，而我無與。小人不顧公義，徇私以逞，但以順逆爲喜怒，雖有全才，救過不

---

①　見鹿善繼《四書説約》卷十三。鹿著“天下於此分治亂”作“天下事於此分治亂”。

遑,何能展布尺寸? 嗚呼! 君子小人之進退治忽判矣。

子曰君子泰而不驕小人驕而不泰　章

子曰:"君子泰而不驕,小人驕而不泰。"

鹿氏曰:"循理中之舒坦,十分不驕;循欲中之恣肆,十分不泰。故真正脱灑,惟君子能之。小人即極快樂時,無言之地却全無受用。"①按:一理一欲,境分天淵,真苦真樂,隨人領受。鹿先生明爲喝破。讀者正好於閑靜時拍心口,自家細細審量一番。

剛毅木訥　章

子曰:"剛毅、木訥,近仁。"

剛毅外不能侵,木訥内無所馳,故近仁。鹿氏曰:"自己一點真性,自從出没於世局之中,圓活巧令,日習日熟,而本性不可復識矣。玩此章,愕然猛省。"②按:因此狼狽,欲爲丹徒布衣[一]而不得者,豈少哉! 又有圓活巧令,而偏剛毅木訥於至親骨肉之倫,抑亦自有肺腸。

【注】

[一]丹徒布衣:晋諸葛長民有武功,督青揚兩州軍務,又任晋陵太守,鎮守丹徒,驕縱貪暴,遭百姓痛恨。他常懼被上級繩之以法,説:"貧賤常思富貴,富貴必履機危。今日欲爲丹徒布衣,豈可得乎?"後果被殺。事

---

① 見鹿善繼《四書説約》卷十三。鹿著"舒坦"作"坦舒"。
② 見鹿善繼《四書説約》卷十三。

見《晋書·諸葛長民傳》。

子路問曰何如斯可謂之士矣　章

子路問曰:"何如斯可謂之士矣?"子曰:"切切、偲偲、怡怡如也,可謂士矣。朋友切切、偲偲,兄弟怡怡。"

鹿氏曰:"切切、偲偲、怡怡,俱是一團宛轉纏綿之意,不是徑情一搠兩開。此全與子路對症。朋友兄弟之各施,亦舉重意,非全不相兼也。"①

善人教民　章

子曰:"善人教民七年,亦可以即戎矣。"

善人之道,勝殘去殺。若不幸而有戎事,或疑非所克堪。不知仁必有勇,謙利行師。若使善人教民至七年之久,藏至險於至順,運司馬於司徒,因直以爲壯,若子弟之急父兄,有情以相維,如手足之捍頭目,亦可以即戎矣。

以不教民　章

子曰:"以不教民戰,是謂棄之。"

---

① 見鹿善繼《四書説約》卷十三。鹿著"纏綿"作"糾纏","一搠兩開"作"一搠兩開的"。

旗鼓不習則耳目亂，步伐不習則擊刺亂，節制不習則心志亂。進之不進，退之不退，分之不分，合之不合，人自爲心。見利則爭，聞變則驚，遇敵則懾，以此而戰，雖有全軍，如無一人，是以民與敵也，故曰“棄之”。

論語義疏卷十四

憲問耻子　章

憲問耻。子曰："邦有道，穀；邦無道，穀，耻也。"

穀，禄也。受禄不諍，則可以免耻。憲，有守之士。夫子教之以有爲也。有道無道，各有實用。有道保泰，無道撥亂。

克伐怨欲不行焉　章

"克、伐、怨、欲不行焉，可以爲仁矣？"子曰："可以爲難矣，仁則吾不知也。"

即無克、伐、怨、欲，亦不盡仁之量。況不行，乃勉强格禁於外，其根固在也。僅可爲難，未可爲仁。

目前之欲易縱，事後之悔難追。君子不以易致難全也。克、伐、怨仿此。

子路、冉有、公西華擬於仁，子文[一]、文子[二]亦以仁擬，管子[三]似乎極不仁。原思以克、伐、怨、欲不行爲仁，看夫子是如何説。於此比校參觀，可領略仁之意義。大抵智勇功名及一切器局風操，并不得言仁也。不是萬緣俱空、一絲不掛之老比丘，便算天地間第一流。子曰"隱居以求其志"，何謂志？"行義以達其道"，何謂道？又曰"用之則行，舍之則藏"，行是行個甚？藏是藏個甚？且夫仁也者，天地之心也，充周不窮，而萬物各賴以保和。嗚呼！經大經，立大本，非孔子其誰與歸？

【注】

[一] 子文：春秋楚成王時的令尹子文，以正直清廉知名。

[二] 文子：陳文子，春秋時齊國大夫。當時齊國權臣崔杼殺死齊莊公。陳文子遂拋棄財產，出奔他國。

[三] 管子：管仲，春秋時齊國人。齊襄公死後，輔佐公子糾與公子小白(齊桓公)爭奪君位，失敗。公子糾被殺。管仲爲齊桓公任用，改革國政，銳意進取，使齊國成爲諸侯之霸。

士而懷居　章

子曰："士而懷居，不足以爲士矣。"

鹿氏曰："千秋結契，六合同堂，要大開眼界。"① 孫子曰："士須有一段超然無累之意。而曰'懷居'，辱士實甚。"② "士"字指得廣，"懷"字説得深。士有素抱，而俗物可侵，則寸衷已藏妾婦；士有俠骨，而世緣未斷，則衣冠何異穿窬。故曰"不足爲士"。如此説來，聖語可想。大抵祇是欲學者超然遠攬，無牽縈羈絆意。有謂"自古無閉門獨坐的聖賢"，此言蓋不足信。君子得時則駕，失時則蟠。若世與我遺，不閉門獨坐，更欲何爲？《節》之初九曰

---

① 見鹿善繼《四書説約》卷十四。鹿著作："千秋結契，六合同堂，是士的生活。而曰懷居，是奚足哉。象山《語録》中'兀兀終日，縈縈無超然之意'一段可味。要大開眼界。"

② 見孫奇逢《四書近指》卷十。

“不出户庭”，得謂其非是也耶？

觀管子治齊，其所以居四民者，猶存古制。今農、工、商大段去古未遠，所謂士者，何其異也？然且詡詡然標異於衆曰：“吾士也。吾士也。”士乎！士乎！

邦有道危　章

子曰：“邦有道，危言危行；邦無道，危行言孫。”

孫了曰：“行以持身，終無可變之理；言以應世，自有當孫之時。言孫者，正所以善用其危行也。”①宋新法之行，明道謂吾黨激成之過[一]，病在言不孫耳。狄梁公諫武氏立三思[二]，裴晉公諫敬宗幸東都[三]，皆從容不迫，事并有濟。孫非緘默，乃沈穆爾雅，藹乎仁義之言，理勝氣平。所以爲孫，不惟紓禍全身，亦以極時衛正。

【注】

　[一] 明道謂吾黨激成之過：據施德操《北窗炙輠剝》爲程頤語。施著卷上記：“新法之變，議者紛然。伯淳見介甫，介甫聞伯淳至，盛怒以待之。伯淳既見，和氣藹然見眉宇間，即笑謂介甫曰：‘今日諸公所爭，皆非私，實天下事。求相公少霽威色，且容大家商量。管子云：“下令如流水之源，令順民心也。”管子猶知爾，況乃相公高明乎！何苦作逆人事。’介甫爲伯淳所薰，不覺心醉，即謂伯淳曰：‘業已如此，奈何？’伯淳曰：‘尚可改也。’介甫遂有改法之意，許明日見上白之。及明日見上，有張天驥者，實横渠弟也，自處士徵爲諫官，遂於上前面折荆公之短。荆公不勝其怨，遂不肯改。故伊川嘗謂諸公曰：‘新法之弊，吾輩當中分其罪。便當時盡如伯淳，何至此哉！以諸公不能相下，遂激怒而成爾。’”

　① 見孫奇逢《四書近指》卷十。

〔二〕狄梁公諫武氏立三思：狄梁公，即狄仁傑，武周時執掌相權，封梁國公。武則天一度頗想立侄子武三思爲太子。狄仁傑委婉勸説："姑侄與母子孰親？陛下立盧陵王（按：指李顯），則千秋萬歲後常享宗廟，三思立廟不祔姑。"武則天聽從了他的意見。見《新唐書‧狄仁傑傳》。

〔三〕裴晉公諫敬宗幸東都：裴晉公，裴度，歷仕唐德宗、憲宗、穆宗、敬宗、文宗五朝，爲相二十餘年，封晉國公。唐敬宗想要巡幸東都洛陽。當時國庫空虛，群臣因而紛紛强諫卻無功。《新唐書‧裴度傳》記："度從容奏：'國家建别都，本備巡幸。自艱難以來，宮闕、署屯、百司之區，荒圮弗治，假歲月完新，然後可行。倉卒無備，有司且得罪。'帝悦曰：'群臣諫朕不及此。如卿言，誠有未便，安用往邪？'因止行。"

子曰有德者必有言　章

子曰："有德者必有言，有言者不必有德。仁者必有勇，勇者不必有仁。"

德與言有本末之殊，然本盛者末茂，本可以兼末，末不可以兼本。仁與勇有理氣之分，然理直者氣壯，理可以統氣，氣不可以統理。

南宮适問於孔子曰羿善射　章

南宮适問於孔子曰："羿善射，奡蕩舟，俱不得其死然。禹、稷躬稼，而有天下。"夫子不答。南宮适出。子曰："君子哉若人！尚德哉若人！"

鹿氏曰："尚力不尚德，已不成世界。南宮适有此説，神情無限。不答即出，原非懷疑而質，自不必答，自當出也。夫子出而質之，亦無限神情，然皆泛論道理，非以禹、稷比孔子，亦無孔子避嫌不便明言之意。"①

子曰君子而不仁者有矣夫　章

子曰："君子而不仁者有矣夫，未有小人而仁者也。"

仁者純乎天理，而人不與。君子以仁存心，尚有不仁時，小人私意滿胸，安得有仁？

愛之能勿　章

子曰："愛之，能勿勞乎？忠焉，能勿誨乎？"

勞非愛所樂出，然不愛則已，愛之能勿勞乎？誨非忠所樂出，然不忠則已，忠焉能勿誨乎？勞與誨并爲誠心實意之所不能已，受勞受誨者亦當體乎此。

勞以成愛，誨以成忠，迹似相違，實爲一事。

子曰爲命裨諶至潤色之　章

子曰："爲命，裨諶草創之，世叔討論之，行人子羽脩飾之，東

---

① 見鹿善繼《四書説約》卷十四。鹿著作："尚力不尚德，已不成了世界。南宫乃有此説，神情無限。不答而即出，南宫原非懷疑而質，自不必答，自當出也。夫子贊他二句，亦無限神情，然皆祇是泛論天下道理，非以禹、稷比孔子，亦非孔子避嫌不便明言之意。"

里子産潤色之。"

合下章當爲一章。

爲命一事，群材畢湊，皆相臣之爲之也。和衷共濟，以故國家數十年不被兵，朝野胥安，其愷悌慈仁之績，卓然所謂惠也。特抽此事爲惠字，先叙案而後論斷之。當時子産、管仲、子西[一]并矯矯傾動南北。此章合論三子，歸重管仲，子西祇作一波襯跌，《史記》列傳所祖。

【注】

[一]子西：公子申，春秋時楚平王之子，楚昭王時擔任令尹。他曾將王位讓給楚昭王，後在與吳國的戰爭中幫助楚國收復郢都。

或問子産子曰惠人也　章

或問子産。子曰："惠人也。"問子西。曰："彼哉！彼哉！"問管仲。曰："人也。奪伯氏駢邑三百，飯疏食，没齒無怨言。"

或問曰："管仲、子産於聖人之道何如？"曰："子貢謂'賢者識其大者，不賢者識其小者'，莫不有文武之道焉。二子賢者耶？不賢者耶？"曰："或謂其於聖人之道，觀乎其未有聞，非歟？"曰："非也。謂於聖人之道未盡則可，謂概乎未有聞聖人之道，何道耶？""子産鑄刑書[一]，又其政尚猛，不害惠乎！"曰："明罰敕法，惠之大者也。"

【注】

[一]子産鑄刑書：子産以前，各國使用的是不公開的法律。他認爲這種形式的法律已經不合時宜，因此力排衆議，將鄭國的法律條文鑄在鼎上，公之於衆。

貧而無怨　章

子曰：“貧而無怨難，富而無驕易。”

孫子曰：“非孔、顏，難言無怨。千古人都被‘貧’字考倒。‘難’‘易’云者，以德行學問之淺深論，非謂人情事勢之苦樂也。”①鹿江村謂：“此處放不倒，便是大道真根基。陳白沙爲一峰[一]作志也，祇叙其瓶粟罄矣。”②按：此正於難處着眼。一峰少掇巍科，一斥不復，貧老不怨，可謂賢矣。

貧自好，貧何以好也？貧抬舉人，貧又何能抬舉人也？然先儒定不浪語，且此得力後語，并非泛論也。貧偏好，貧偏抬舉人，識得時亦易曉。吕明德[二]不向俗人面孔上做生活，是此路上人。

【注】

[一]一峰：羅倫，字應魁，號一峰，明吉安（今屬江西）人。成化二年（1466）三十餘歲時進士第一，任翰林院修撰。大學士李賢丁憂奪情。羅倫認爲不可，上疏諫止，得罪憲宗，遭貶福建。兩年後李賢死去，羅倫改任南京翰林院修撰。不久辭官鄉居，以課徒講學爲生。他性情剛直，不慕名利，清貧好義，教導學生成才多途，不必以科舉爲首務，又與陳獻章等爲好友。陳氏爲之作《一峰先生傳》，記：“客晨至，留具飯。其妻語其子曰：‘瓶粟罄矣。’之旁舍干之。比舉火，日已近午，亦曠然不以爲意。”平泉所云“一斥不復”，不確。

---

① 見孫奇逢《四書近指》卷十。孫著“都被貧字考倒”作“都著一貧字考倒”。

② 見鹿善繼《四書説約》卷十四，平泉所引有删節。鹿著作：“此處撩不倒，便是大道真根基。孔子自述蔬水之樂，稱顏淵陋巷之樂，又謂不處富貴、不去貧賤，爲君子不去仁的實際消息可想。陳白沙爲一峰作志，也祇叙他瓶粟竭矣。”

［二］呂明德：呂維祺，字介孺，號豫石，明河南新安（今屬洛陽）人。萬曆四十一年（1613）進士，官至南京兵部尚書，推崇知行合一。著有《明德堂文集》《孝經本義》《孝經翼》等。

子曰孟公綽爲趙魏老則優　章

子曰：“孟公綽爲趙、魏老則優，不可以爲滕、薛大夫。”

人材各有短長，用得其宜則兩成，失宜則兩傷。夫子言孟公綽之優絀，以見有才者勿自以短取敗，用才者捨短而取長也。

子路問成人　章

子路問成人。子曰：“若臧武仲之知，公綽之不欲，卞莊子之勇，冉求之藝，文之以禮樂，亦可以爲成人矣。”曰：“今之成人者何必然？見利思義，見危授命，久要不忘平生之言，亦可以爲成人矣。”

“知”“廉”“勇”“藝”若四字，而能文之以禮樂，有節而和，故爲成人。然曰“亦可”，猶未盡成人之量。忽然復作慨嘆曰：“今之成人者何必然？”又不勝世道升降之感矣。抑用是以激厲仲氏不淺。“思義”三者，皆子路所能，彼豈甘以今之成人自域乎？

子問公叔文子於公明賈曰　章

子問公叔文子於公明賈曰：“信乎夫子不言、不笑、不取乎？”公明賈對曰：“以告者過也。夫子時然後言，人不厭其言；樂然後笑，人不厭其笑；義然後取，人不厭其取。"子曰："其然？豈其然乎？"

不言笑取，非人情，不可信。夫子明知傳聞之過，得賈言而灑然矣。"其然？豈其然"，猶云如此不如彼，用解群疑也。文子故不愧名卿，後世史册上如此者亦不乏人。

子曰臧武仲以防　章

子曰："臧武仲以防求爲後於魯，雖曰不要君，吾不信也。"

武仲[一]世臣，有勛舊，以罪出奔，罪不及不祀，歸命投誠，請後於君，未爲不是。其所以防者何也？脅君以不得不從之勢，是要君也。要君者無上，故夫子特發此論。

【注】

[一]武仲：臧武仲，即臧孫紇，臧文仲之孫，臧宣叔之子，封於防（今山東費縣東北）。因得罪孟孫氏逃離魯國，後回到防邑，向魯襄公要求立臧氏之後爲卿大夫，他會自動離開防邑。孔子認爲臧武仲這種行爲是要脅國君。

子曰晉文公譎而不正　章

子曰："晉文公譎而不正，齊桓公正而不譎。"

文公[一]險阻備嘗，老而復國，一戰而霸，物望偉然。然城府深峻，最所難測。凡其所爲正也，乃譎也，而非正也。如"如楚惠何？非報德也"，"乃夢楚子之盬其腦也"，"聽輿人之誦也"，"微夫人之力不及此”，“吾其還也，亦非報德也，懼秦强而鄭附也”。掩其本衷，飾以高誼，即踐土勤王，意豈在王？求諸侯耳。故夫子判其譎而不正。若桓公[一]，性本豁大，不似文公詐僞欺世，則正而不譎云。

或曰：“城濮多陰謀，其譎之甚者乎？”答曰：城濮之役，應兵也。以文公之初立，當楚之强，附以宋、衛、陳、蔡，子玉又勇而能軍，不如是，且恐爲楚擒，何霸之能圖？是役也，庶幾孔子所謂好謀而成者與！夫兵者，國之存亡、衆之生死所繫，故不厭詐，以勝爲道。宋襄[三]爲囚，千秋齒冷，豈彼爲得而此爲失乎？

夫子不喜文公所爲，因想來尚不及齊桓當年。《春秋》窺見至隱，特於此等處着眼救正人心。

【注】

[一]文公：指晉文公。他足智多謀，能隨機應變。早年流亡在外，歷盡艱辛乃至危險。流亡十九年後，他在秦穆公的支持下返回晉國即位，君臣一心，最終稱霸諸侯。

[二]桓公：指齊桓公。他早年因內亂出奔莒國，後在齊襄公死後，搶先回國，奪取君位。他信用管仲，勵精圖治，使齊國强盛，又打出“尊王攘夷”的旗號，九合諸侯，成爲霸主。

[三]宋襄：指宋襄公。他在齊桓公死後，率領衛、曹等國擁立齊孝公，平息齊國之亂。又想繼承齊桓公的霸業，與楚國爭霸。討伐鄭國，與救鄭的楚兵展開泓水之戰。因講究“仁義”，要待楚兵渡河列陣整齊後再戰，結果大敗受傷，不久傷重死去。

子路曰桓公殺公子糾　章

子路曰：“桓公殺公子糾，召忽死之，管仲不死。”曰：“未仁乎？”子曰：“桓公九合諸侯，不以兵車，管仲之力也。如其仁，如其仁。”

初，管仲祇耐一段才氣不下，欲藉子糾以立功名。一亡公子與之同事，本非素有君臣之大分。爲社稷死，爲社稷亡也。彼時若兵敗而死，奚啻鴻毛！召忽之死[一]，不得爲仁，仲豈爲害仁乎？故夫絶不論其前事，但極椎其功，而曰“如其仁，如其仁”，是何等權衡！若唐之王、魏[二]，與管仲又自不同。二公子爭立在襄公已薨之後，王、魏則高祖之臣也。王、魏之失，在建成失德而不能救正耳，尤爲可以死，可以無死。使管仲與王、魏易地，子路亦無是語。獨有謂仲相桓爲徙義，大害人心，真不可無極□耳。

【注】

　　［一］召忽之死：召忽，春秋時齊國人，公子糾的另一重要謀臣。公子糾被殺後，召忽自殺殉主。

　　［二］王、魏：王，指王珪，字叔玠，唐初扶風郿（今陝西眉縣）人。魏，指魏徵，字玄成，唐初巨鹿郡下曲陽縣（今河北晉州）人。二人先侍奉太子李建成，很受禮遇。建成被李世民殺死後，二人都爲李世民所用，建樹頗多，成爲名相。

子貢曰管仲非仁者與　章

子貢曰：“管仲非仁者與？桓公殺公子糾，不能死，又相之。”子曰：“管仲相桓公，霸諸侯，一匡天下，民到於今受其賜。微管仲，吾其被髮左衽矣。豈若匹夫匹婦之爲諒也，自經於溝瀆而莫之知也。”

夫子亦不與多論，但大其功，言我輩亦須感戴，令子貢深思。又舉匹夫匹婦之諒襯足之。大概孔子一生，總以天下生民爲重，不尚曲謹小諒，并非爲褚淵[一]、馮道[二]輩開方便門。眼光於此，須進一格。

孫子曰："霸始仲，自古今大分上看出，又自上下數千年間天意世運中脱出。三代而後，盡祖其術，歷漢唐宋而無非是也。管仲者，天之所以興霸，此乃古今大機括、世運大起頭，此人如何死得？夫管仲，莘野、磻溪、隆中[三]諸豪傑之應身也。"①

先儒謂：子糾，桓公弟，仲輔之非義，故聖人不責其死而稱其功；若桓弟糾兄，聖人必不爲此言。愚謂：誰兄誰弟，宜輔不宜輔，決非兵敗主戮後所可計較。大抵衆人之見不如賢人，賢不如聖。教學之旨，在於釋回增美，日益其高明。《論語》，聖人教賢人之書也。若如先儒所謂，仍是子路、子貢之見，便似聖人未曾説來。黃陶庵[四]云："節義於舉世不爲之時，則生不如死，死而後三綱明焉，九法正焉；立功名於舉世不立之日，則死不如生，生而後朝廷尊焉，中夏安焉。"②此論大段能得夫子立言之旨。

【注】

[一] 褚淵：南朝河南陽翟（今河南禹州）人。宋文帝的女婿，深受宋明帝信任。明帝死，褚淵幫助齊太祖蕭道成代宋。

[二] 馮道：五代時名臣，歷仕後唐、後晋、後漢、後周四朝，始終主張向遼稱臣。

[三] 莘野、磻溪、隆中：莘野，指輔佐商湯的伊尹。《孟子·萬章上》載："伊尹耕於有莘之野。"磻溪，指輔佐周文王、周武王的姜尚。相傳他在此釣魚，得遇文王。隆中，指輔佐劉備的諸葛亮。相傳他隱居隆中，劉備

① 傳本未見。

② 見方苞《欽定四庫文》"管仲非仁者與"條引黃淳耀語。原文作："爲節義於舉世不爲之時，則生不如死，死而後三綱明焉，九法正焉，是即死者之功也、名也；立功名於舉世不立之日，則死不如生，生而後朝廷尊焉，中夏安焉，是即生者之節也、義也。"

三次去拜見。

　　[四]黃陶庵：黃淳燿，初名金燿，字蘊生，又字松崖，號陶庵、水鏡居士等。明末嘉定（今屬上海）人。崇禎十六年（1643）進士。弘光元年（1645）嘉定被清兵圍困，與好友侯峒等守城抵抗，城破自縊而死。有《陶庵詩文集》傳世。

公叔文子之臣大夫僎　章

　　公叔文子之臣大夫僎，與文子同升諸公。子聞之，曰：“可以爲文矣。”

　　薦賢爲國，不嫌與其臣同升，非公而忘私者不能。夫子聞而贊之，臧文仲能無愧諸。

子言衛靈公之無道也　章

　　子言衛靈公之無道也，康子曰：“夫如是，奚而不喪？”孔子曰：“仲叔圉治賓客，祝鮀治宗廟，王孫賈治軍旅。夫如是，奚其喪？”

　　三者皆國之大事，內外兼理，是以不亡。自古有治臣無治君而安保無虞者，不獨衛靈爲然。高齊君昏於上，政清於下，則楊愔[一]之爲之也。夫以靈公之無道，得三子猶堪爲國，況聖主而得賢臣乎？吾夫子蓋穆然於一德之朝矣。

【注】

　　[一]楊愔：字遵彥，南北朝弘農華陰（今陝西華陰）人，曾任北齊文宣帝高洋的宰相。高洋行事乖張，性情暴虐，動輒殺戮大臣。他把政務委托

給楊愔，楊愔處理得頗爲妥當。因此時人認爲皇帝雖然昏暴，但國家政事還比較清明。

其言之不　章

子曰：“其言之不怍，則爲之也難。”

大言不慚，雖實憤發有爲，而才力不符，時會多變，取困必矣。單于頸故不易繫[一]，十萬橫磨大劍[二]舉竟何如？

【注】

[一]單于頸故不易繫：西漢初匈奴猖獗，邊患嚴重。梁懷王太傅賈誼上疏漢文帝，陳定邊之策，有“請必繫單于之頸而制其命”之語。

[二]橫磨大劍：後晋大將景延廣輔佐“兒皇帝”石敬瑭的繼任者石重貴，對契丹衹稱孫不稱臣，引起契丹不滿。他對契丹使者說：“晋朝有十萬口橫磨劍，翁若要戰則早來。”橫磨劍指長而鋒利的劍。這裏比喻精鋭善戰的士卒。

陳成子弑簡公孔子沐浴而朝　章

陳成子弑簡公。孔子沐浴而朝，告於哀公曰：“陳恒弑其君，請討之。”公曰：“告夫三子。”孔子曰：“以吾從大夫之後，不敢不告也。君曰‘告夫三子’者！”之三子告，不可。孔子曰：“以吾從大夫之後，不敢不告也。”

鹿氏曰：“事固貴有理義，尤貴有機括。”①愚謂：“請討陳

① 見鹿善繼《四書説約》卷十四。

恒”，正天下大機括，乘此可以振宗國而肅人紀。夫子特沐浴而朝，何等鄭重！《左傳》載夫子之言曰：“陳恒弑其君，民之不予者半。以魯之衆，加齊之半，可克也。”魯爲齊弱久矣，非此不可以請於君，夫子亦不敢倡爲此舉。是請也，謀之已審，所謂“我戰則克”也。蓋天下有必伸之義，又有不敗之謀。謀有所未周，即義有所未盡。古來欲建事而反僨焉者，豈少哉！夫所謂有道之士者，未有不能成天下之大功者也。

孔子請討陳恒[一]，公曰“告夫三子”。機大左矣，事不可爲矣。然遂之三子告，不復致一辭。三子不可。曰：“以吾從大夫之後，不敢不告。”亦不復別致一辭。何等擺脱！天下事有分寸，知者知之，不知者自不知也。知之者敷土奠川，行所無事；不知者手傷刃缺，秖益紛紜。

【注】

[一] 陳恒：即陳成子，亦作田成子，齊國權臣。他使大夫鮑息弑齊悼公，立齊簡公，與闞止分任左右相。四年後，他又殺死闞止和齊簡公，擁立齊簡公的弟弟爲齊平公。此後獨攬朝政，盡誅鮑、晏等大族。

子路問事　章

子路問事君。子曰：“勿欺也，而犯之。”

勿欺者，盡己之忠；犯者，救君之過。鹿氏曰：“戴天履地，略無私心，遇有差失，即須犯顏連叙無軒輊。”①

無私可以大經綸。聲色貨利，賢者類能克除，惟一點意氣微

---

① 見鹿善繼《四書説約》卷十四。鹿著作：“戴天履地，無半點爲私的心，而遇有差失，却不可依阿，須要犯顏一連，説無軒輊。”

密處爲難，皎如白日耳。斯即所謂欺也。

君子上達　章

子曰："君子上達，小人下達。"

君子上達，上而愈上，若有上之者，而亦渺不知所爲下也。小人下達，下而愈下，若有下之者，而亦渺不知所爲上也。其上無已，其下無已，始於一念，終判雲泥。

古之學者　章

子曰："古之學者爲己，今之學者爲人。"

爲己者求慊於己，爲人者求知於人。《中庸》所謂"闇然""的然"[一]者是也。陸子曰："凡欲爲學，當先識義利、公私之辨。今所學果爲何事？人生天地間，爲人自當盡人道。學者所以爲學，學爲人而已。"①按：解此，可消却多少畔援、歆羨及怨天尤人等念。

【注】

　　[一]"闇然""的然"：見《中庸》第三十三章："君子之道，暗然而日章；小人之道，的然而日亡。"意思是：君子之道深藏不露而日益彰明，小人之道顯露無遺而日益消亡。

---

　　①　見陸九淵《象山集·象山語録》卷三十五。

蘧伯玉使人於孔子　章

　　蘧伯玉使人於孔子。孔子與之坐而問焉，曰："夫子何爲?"對曰："夫子欲寡其過而未能也。"使者出。子曰："使乎! 使乎!"

　　是乃真實爲己，日慄慄於内，望道未見而人不知，使者何從而知之也? 蓋其所得於蘧大夫者深矣。孫子曰："伯玉居衛，治亂殊遭，邪正雜進，求寡過，原不易。使者實見得其心中負疚不敢即安之意，非故爲卑約之辭也。"①

　　今人大都無過，有過不知，人亦不敢告以過，故無過也。嗚呼! 斯其所以爲過之府與! 蘧大夫是何等警惕，所謂常惺惺者哉!

子曰不在其位不謀其政　章

　　子曰："不在其位，不謀其政。"

　　合下章當爲一章。

君子思不　章

　　曾子曰："君子思不出其位。"

　　《易》三百八十四爻，皆言乎其位也。人各有位而思殊，思各止於其位而理得。思者，謀之所從出也，無所不該。動以位範謀，

---

① 　見孫奇逢《四書近指》卷十。孫著"其"作"他"。

静以位範思。此曾子引《易》以推論夫子之言,而記者并記之也。

君子耻其　章

子曰:"君子耻其言而過其行。"

言行貴乎相符,言而過其行,君子耻之。

子曰君子道者三我無能焉　章

子曰:"君子道者三,我無能焉:仁者不憂,知者不惑,勇者不懼。"子貢曰:"夫子自道也。"

仁以先之,智以運之,勇以成之,天下之能事畢矣。自道,言所謂君子之道,乃夫子自己之道也。

子貢方人子曰賜也　章

子貢方人。子曰:"賜也賢乎哉? 夫我則不暇。"

教其回視反聽,專於自治。

不患人之　章

子曰:"不患人之不己知,患其不能也。"

所知在能,不患不能而患不知,猶屏食而求飽也。

子曰不逆詐不億不信　章

子曰：“不逆詐，不億不信，抑亦先覺者，是賢乎！”

淳古日遠，詐僞橫滋，所以應之之術，亦愈深巧。逆之億之，物無遁情，往往未至而先覺矣。然機械相尋，豈曰能賢？故夫子言此。

不逆億而先覺爲賢，爲夫逆億而先覺者言也。逆億而覺，猶勝於逆億而不覺，而不逆億亦不覺者勿論矣。族子至愚，不足責是也。故人情厚，不敢疑，此義未喻。且夫心術之不知，反覆之不定，安得故也耶？而又何厚耶？

微生畝謂孔子曰　章

微生畝謂孔子曰：“丘何爲是栖栖者與？無乃爲佞乎？”孔子曰：“非敢爲佞也，疾固也。”

微生畝以出處常局招孔子，而不知道有大焉者，未可執固不化也。夫子第自言其栖栖之本懷，而開示微生意亦悠然可會。若微生者，豈亦隱君子與？

驥不稱其　章

子曰：“驥不稱其力，稱其德也。”

力與德備之謂驥，然所以稱之者有獨重也。夫驥，其小焉者也。

或曰以德報怨何如　章

或曰："以德報怨，何如？"子曰："何以報德？ 以直報怨，以德報德。"

於怨仇相尋之世，忽有以德報怨之言，豈不是大盛德事？ 詎知爲自窮之道。施德縱不望報，我以報怨者報之，無乃薄乎？ 果將何者報德乎？ 不如移下一格，以直報之，留德以報德，爲妥帖耳。許多奇形怪狀、海立雲垂，一到夫子面前，便風平浪静。

子曰莫我知也夫　章

子曰："莫我知也夫！"子貢曰："何爲其莫知子也？"子曰："不怨天，不尤人；下學而上達。知我者其天乎！"

文章性道，言下都徹，子貢從此有"得聞""不得聞"之嘆。夫子特於子貢屢事提呼，言皆微至，所以鍛煉之也，意量極宏。昔人爲子貢晚而進道，觀其築室三年，其於聖人之道，必有神交氣合、相融莫能解者。後儒謂：顏子没，曾子得孔子之傳，不及子貢。是何所據耶？ 夫古人往矣，其品格所存，原非後之人所易懸斷，况書缺有間，又安能執語言文字之迹，而索之於音沉響寂之會也乎？ 不亦重可嘆哉！

聖學本天，統於中，歸於一貫。夫子於端木氏特地諄諄，可思！ 可思！

鹿氏曰："人自有一天，人各有一天。孔子祇知了己，便爲天之知己；吾輩祇知了我，便爲孔之知己。天不在天，孔不在孔，萬

古此下學，萬古此上達，衹要寂寂寞寞，苦自進修，勿以天不看
顧，人不做美，稍灰心耳。"①

公伯寮愬子路於季孫　章

公伯寮愬子路於季孫。子服景伯以告，曰："夫子固有惑志
於公伯寮，吾力猶能肆諸市朝。"子曰："道之將行也與？　命也。
道之將廢也與？　命也。公伯寮其如命何！"

鹿氏曰："分明公伯寮事，夫子以爲皆我命定，真令人鬆閑樂
易，灑然覺悟，萬端不平，一時都盡。"②按：此豈章惇[一]所謂"人
能奈我何"，正好破涕一笑。

【注】

[一]章惇：字子厚，北宋建寧軍浦城（今福建南平）人。嘉祐二年
（1057）進士，歷仕仁宗、英宗、神宗、哲宗、徽宗五朝。參與熙寧變法，爲王
安石所重。與司馬光、蘇軾等舊黨不睦。其爲人專斷傲慢。

子曰賢者辟世　章

子曰："賢者辟世，其次辟地，其次辟色，其次辟言。"

時之盛也，賢士彙征，傾否亨屯[一]，眼看有心世道人物，類

---

①　見鹿善繼《四書說約》卷十四。
②　見鹿善繼《四書說約》卷十四。鹿著作："分明管公伯事，而夫子以
爲不管人事，還是管自己命事，説到此處，真令人鬆閑樂易，灑然悟，冷然
覺，萬縷不平化一道清風而去。"

以不合之故，以次辟去，紛紛如飄落葉。諸賢則得矣，其如斯世斯民何？

【注】

［一］傾否亨屯：傾否，困厄危殆。亨屯，解決困厄危殆。

作者七人　章

子曰：“作者七人矣。”

人自高蹈遠舉，豈知暗中有人，一一留心，數至七人之多，不覺呀然失聲。古書不作必不可解語，留後人懸疑，觀指其掌可見。此其例也，但有明有暗耳。七人散見《論語》中：儀封人，晨門，荷蕢，杖人，楚狂，長沮，桀溺。

子路宿於石門晨門曰奚自　章

子路宿於石門。晨門曰：“奚自？”子路曰：“自孔氏。”曰：“是知其不可而爲之者與？”

天地閉，賢人隱。一時諸君子，或胼胝農畝，或浮沉下位，大概知時之不可爲而不爲，并爲皎然不欺其志。而我夫子栖栖四國，車殆馬煩，被晨門一語道破，可謂天涯知己。夫晨門能知孔子之心，儀封人因孔子而更有以知天之心，斯其深識偉抱，又豈當時諸君子之所能跂及？然使不遇孔子，百世而下，亦烏知夫寂寞閑散中之大有人也？謂非附青雲而聲施後世者哉！

子擊磬於衛　章

子擊磬於衛。有荷蕢而過孔氏之門者，曰："有心哉，擊磬乎！"既而曰："鄙哉，硜硜乎！莫己知也，斯已而已矣。深則厲，淺則揭。"子曰："果哉！未之難矣。"

一擔蓬鬆，幾被泠泠磬聲打轉。既而有言，仍復萬事都已，又欲招有心者而從之。彼其鴻飛冥冥，弋人何篡？蓋於身世之間，亦思之熟而又熟者與！大抵有心者心惻而形勞，無心者機明而志決。夫子非不能已，第不敢息肩於難，因不忍萌心於果。逸者自逸，勞者自勞，而廣狹之量遂分。

天下之故，過目虛花，爭放下放不下耳。荷蕢、荷篠，放下者也。再放一步，即是佛老。佛老，大智慧，大英雄，揆諸堯舜禹之道遠矣。

子張曰書云高宗諒陰　章

子張曰："《書》云：'高宗諒陰，三年不言。'何謂也？"子曰："何必高宗，古之人皆然。君薨，百官總己以聽於冢宰三年。"

子張以夫子一日萬幾，未容緘默，故有此問。觀夫子之言，乃是古人通行故事，何嘗有誤政治？

上好禮則　章

子曰："上好禮，則民易使也。"

力盡則罷，財盡則怨。我實無禮，百姓何尤？上若好禮，則身無妄動，國無妄作，使民有節，誰不踴躍？

子路問君子子曰修己以敬　章

子路問君子。子曰："修己以敬。"曰："如斯而已乎？"曰："修己以安人。"曰："如斯而已乎？"曰："修己以安百姓。修己以安百姓，堯舜其猶病諸？"

人也，百姓也，皆己也。安人、安百姓，皆修也。因子路之問，推廣而言耳。允恭，堯也；溫恭，舜也。言乎其敬也。

原壤夷俟　章

原壤夷俟。子曰："幼而不孫弟，長而無述焉，老而不死，是爲賊。"以杖叩其脛。

壤傲然無所顧忌，非言語所能動。斥之爲賊，峻厲極矣；叩其脛，詼諧之也。故者無失其故。

闕黨童子將命　章

闕党童子將命。或問之曰："益者與？"子曰："吾見其居於位也，見其與先生并行也。非求益者也，欲速成者也。"

善教者必先去其傲氣。此曰當如是，彼曰不當如是；此曰不當如是，彼曰當如是；此曰心不可不虛勿自是，彼亦曰心不可不

虛勿自是。善辨者莫能致其詰。知者自知，而不知者亦悍然自
以爲知，悵悵日遠，庸有極乎？凡此皆非求益者類也。是故覺於
人者，求覺者也；覺人者，待人之求而後覺之者也。求乃益，不求
益，益與何有？揆厥由來，祇坐傲耳。夫子使童子將命，所以潛
消其傲氣。

論語義疏卷十五

衛靈公問陳於孔子　章

衛靈公問陳於孔子。孔子對曰："俎豆之事，則嘗聞之矣；軍旅之事，未之學也。"明日遂行。在陳絕糧，從者病，莫能興。子路慍見曰："君子亦有窮乎？"子曰："君子固窮，小人窮斯濫矣。"

靈公內政不修，禮法蕩然，國無與立，當急內治，軍旅非所急也。老而愈昏，復欲逞志於遠，亂徵見矣。不對而行，惟恐不速。"絕糧""慍見"，此"慍"字即首章"慍"字。子路蓋以君子之道無往不宜，安得一窮至此？豈吾道有未足，抑天道絕無可憑？夫子言君子之窮爲固然，小人則不能安其窮而至於濫矣。"固窮"猶言貧乃士之常。

蘇潁濱[一]曰："孔子知其必不用也，故明日遂行。使誠用之，雖及軍旅可也。"①按：此爲能讀無字書。

【注】

[一] 蘇潁濱：蘇轍，字子由，一字同叔，晚號潁濱遺老，北宋眉州眉山

---

① 蘇轍《論語拾遺》作："孔子知其決不用也，故明日而行。使誠用之，雖及軍旅之事可也。"

（今屬四川）人。哲宗時曾任尚書右丞等職，位列執政，反對王安石新法。善文章，與父親蘇洵、兄長蘇軾合稱“三蘇”。著有《論語拾遺》《欒城集》等。

子曰賜也女以予爲多學而識之者與　章

子曰：“賜也，女以予爲多學而識之者與？”對曰：“然。非與？”曰：“非也，予一以貫之。”

孔子於曾子、子貢，皆以一貫告之，然子貢便多一番推駁。反既告之，則亦豁然矣。往嘗問一言可終身行，及是若再問，便是笨人。“忠”“恕”，單言“恕”亦得。“恕”可以該“忠”，“忠”不可以該“恕”。

曾子力學聖人，其志篤而質鈍，爲功繁難；子貢亦力學聖人，其志鋭而性敏，爲功泛濫。故并以一貫示之。若顔子，自不須此。示曾子意在簡易，示子貢意在真切。後世陽明致良知，正此詣也。“一貫”就心與事接處切實指示，言下瞭然。道若大路，有甚玄解秘義？深求之而反淺，精言之而實粗，徒增理障，無有是處。

由知德者　章

子曰：“由！知德者鮮矣。”

道之在人者爲德，見南子不悦，佛肸[一]、公山[二]召不悦，比者又絶糧而愠，其所見皆是，然俱隔一層。夫子屢次校對，因發此言，期望之情彌殷。

自古知德爲難，知之而後行之，非知之艱，行之惟艱，抑揚之辭耳。襞積經典，研晰文義，見淺而遺深，明乎此而暗乎彼，非知也。《易》：“知微知彰、知柔知剛，萬夫之望。”

【注】

[一]佛肸：春秋時晉卿趙鞅的家臣，爲中牟宰，後依附范氏、中行氏。他曾召孔子前去幫助埋政。

[二]公山：公山弗擾，又名不狃，春秋時魯國人，季桓子家臣，擔任費邑宰。與陽虎聯合囚禁季桓子計劃打擊三桓，失敗。季桓子逃脱。陽虎出奔齊國。公山弗擾繼續占據費邑。其間，他邀請孔子前去參政。

子曰無爲而治者　章①

子曰："無爲而治者，其舜也與？夫何爲哉？恭己正南面而已矣。"

自古帝王之治，創制顯庸，平地成天，有爲莫如舜，然皆行所無事，未嘗少動聲色、作聰明，故特以無爲稱之。正如時行物生，充周瀰漫，大造無言，恭己正南面，所以形容無爲，想像其淵默兢業之神。

子曰志士仁人　章

子曰："志士仁人，無求生以害仁，有殺身以成仁。"

鹿氏曰："夫子單提'仁'字，喝破人生大事，從富貴貧賤處發揮一番，造次顛沛皆必於是，已吃緊痛切矣，猶未説到死生。至此，亦寧死而不肯去仁説一番，直窮到無可加處，何等精神！信得及者，便可以脱離生死。怪不得史書上視死如歸者接踵而起。初以爲是輕生，不知其爲不肯害仁也。'害'字'成'字宜玩，不

---

① 此下少"子張問行"至"可與言"三章無原文及義疏。

然，使生而不害仁，則輕死於仁何干？"①按：忠節公[一]殺身成
仁，今昭昭與日月爭光矣。觀此語，知其於生死一關，早已打破。

　　須知害仁而生，枵然視息天壤間亦是毫無滋味。錢謙益歸
本朝後，每携艷姬，都市中策馬游遨。嗚呼！彼都人士以爲謙益
此時樂耶？苦耶？無聊之極耶？要之，殺身成仁，仗節死義，純
是真性發露，不容自已，一時狠手按下，旋即萌動。謙益也是熬
耐此一點良心不下，激博而爲此態，可悲也已。又有一達官如謙
益，垂死嘆曰："多喫十年飯，壞我千載名。"噫！彼祗知有名，所
以不能死也，名以身外物。

【注】

　　[一]忠節公：指鹿善繼。

子貢問爲仁子曰工欲善其事　章

　　子貢問爲仁。子曰："工欲善其事，必先利其器。居是邦也，
事其大夫之賢者，友其士之仁者。"

　　賢人皆受益實地，覿面錯過，甚爲可惜。然必真能慮以下
人，虛懷若谷，事之友之。不然，則訑訑之聲音顔色，何益之
能受？

---

　　①　見鹿善繼《四書説約》卷十四。鹿著作："夫子單提‘仁’字，喝破人
生大事。從富貴貧賤處發揮一番，造次顛沛皆必於是，已吃緊痛切矣，然
猶未説到死生。至此，以寧死而不忍去仁説一番，直窮到無可加處，何等
精神！妙哉仁乎！信得及者，便可以脱離生死。怪不得史書上視死如歸
者接踵而起。初以爲是他膽大輕生，不知其爲不忍害仁也。‘害’字‘成’
字宜玩，不然使生而不害仁，則輕死與仁何干？"

顏淵問爲邦　章

顏淵問爲邦。子曰：“行夏之時，乘殷之輅，服周之冕，樂則《韶》《舞》。放鄭聲，遠佞人。鄭聲淫，佞人殆。”

孫子曰：“四代各舉一件，皆人所易忽處。其致治之源，夫子與回籌之熟矣。鄭聲、佞人，又人所易溺，而保治之道，正須慎此於放遠。不言所屬，萬代所同也。”①上四句，治法中心法；末四句，心法中治法。國家風氣，先感召於聲；君志盛衰，恒轉移於口。聲音言語，升降氣運所關。清心寡欲，然後可以用四代之法。

人無遠慮　章

子曰：“人無遠慮，必有近憂。”

凡所應之事皆近也，其隱伏而未形者皆遠也。慮遠則事不乖而安，安斯無近憂矣。無遠慮者反是。夫天下能見已然而不能見未然者，患即在已然者也。

---

① 見孫奇逢《四書近指》卷十一。孫著作：“行夏四句，各舉一件，都是人所易忽處。至其致治之源，夫子與回籌之素矣。鄭聲、佞人，又是令人極受用，而典謨訓誡保治之微旨正在於此。非夫子與回，惡能斟酌先王之禮，立萬世常行之道乎？”孫氏《晚年批定四書近指》卷十作：“‘放’‘遠’不言所屬者，萬代所同，不得專其名於一代也。上四句，治法中之心法；末四句，心法中之治法。國家風氣，先感召於聲；君志盛衰，恒轉移於口。聲音言語，正是升降氣運所關。清心寡欲，然後可以用四代之法。”

已矣乎吾　章

子曰："已矣乎！吾未見好德如好色者也。"
久而未見，慨嘆愈深。

子曰臧文仲其竊位者與　章

子曰："臧文仲其竊位者與！知柳下惠之賢，而不與立也。"
據非其有之謂竊。竊位者，言不稱其位。大臣職在薦賢。
文仲深知柳下，方且奉其言爲三策，而竟不與立，非竊位而何？

躬自厚而　章

子曰："躬自厚而薄責於人，則遠怨矣。"
責人愚也，或又厚焉，愚之甚者也，是爲怨府。夫子倒轉來
大聲提呼，此"人"字所包者廣，凡我之外皆人也。反覆誦，惟自
覺得通身清爽，如長陽官道平步悠悠。
躬自厚處，亦不是漫無寸分。若責以知力之所不成，則輾轉
瞀亂，是亦自怨而已矣。

子曰不曰如之何如之何者　章

子曰："不曰'如之何，如之何'者，吾末如之何也已矣。"

蚩蚩者決禍斯烈矣，雖聖人將如之何？

子曰群居終日言不及義　章

子曰："群居終日，言不及義，好行小慧，難矣哉！"

既無事事，又無規正，逞機鬥捷，變詐日巧。是人也，誰能測其所終？

子曰君子義以爲質　章

子曰："君子義以爲質，禮以行之，孫以出之，信以成之。君子哉！"

義者，制事之本。君子於義如射之質，神氣全注此，而宣其節度，宛轉以適機宜，又如金石之堅，寒暑之運，確乎不搖，用以成始而成終。"君子"指在位者。末句君子贊辭。

君子病無　章

子曰："君子病無能焉，不病人之不己知也。"

病深於患，無能真病也。不知而病，爲病而呻。

君子疾沒　章

子曰："君子疾沒世而名不稱焉。"

曰“没世而名不稱”，則當時“稱”可知也。當時稱之，没則已焉。之人也，非色取行違，則炫鬻急名，故可疾。此蓋有爲之言，所以深警夫先浮名而後實修者也。若芸芸者，没世無聞，有何足疾？

聲聞過情，如夏日雨集，洇可立待，君子所耻，可耻則可疾。

君子求諸　章

子曰：“君子求諸己，小人求諸人。”

君子深造自得，小人務名譽之著聞。求諸己求諸人，與爲己爲人同義，合上兩章祇一義，皆欲學者袪名心也。夫名利者，人心之蠱。然修士之患，往往不在利而在名。名與利雖清濁有間，其蔽一也。大凡好名者，其實必虧，故聖人以爲戒。抑聞之，好利者不顧名，好名之人至於不顧君父。

或謂孔子疾没世而名不稱，然所以求者，亦反諸己而已，是反諸己以求名也。反諸己以求名，非求諸人而何？甚不成話説，不可不知。余亦不敢不略爲分析之，爲其所關者大也。心路一分，誠僞判矣。

君子矜而　章

子曰：“君子矜而不争，群而不黨。”

矜以修己，非好勝也，故不争；群以同人，非營私也，故不黨。

孫子曰：“矜以自持，易至絶物，而不争乃所以善其矜；群處衆，易至徇人，而不黨乃所以善其群。此見君子正直和平之所，持身持世之則。"①又曰："爭起於力之不足，黨始於量之不寬。正是不能矜，不能羣處。矜正氣爭則失沴，羣元氣黨則失偏。國家禍福所繫，國家福盡而爭黨之異見，國家人材之福亦盡，而爭黨之勢不可解矣。"②愚謂：衰晚之世，大夫各挾一種沴氣。觀明代中葉而後，何其囂囂也！夫聖人之教，在於變化氣質之偏歸於中正。時之季也，毗陰毗陽，氣質益偏，而聖教不明於世。世之學者不過事呫嗶、苟利禄，略無所謂變化之功。弱者靡焉污辱矣；其强者則憑其氣質，冥心以逞，無所顧忌，歸於自禍禍世而止。夏峰所謂"國家福盡，人材之福亦盡"者，此也。孟子所謂"無學"也。

君子不以　章

子曰："君子不以言舉人，不以人廢言。"

君子課己，言行合一。其於人，言行分而爲二。

子貢問曰有一言而可以
終身行之者乎　章

子貢問曰："有一言而可以終身行之者乎?"子曰："其恕乎！己所不欲，勿施於人。"

己所不欲，勿施於人，發恕義自盡。會意，如心爲恕，亦明

---

① 見孫奇逢《四書近指》卷十一。孫著"處衆易至"作"以處衆易至"，"持世"作"涉世"。

② 傳本未見。

切。曾子加一"忠"字不爲多。孟子專言心，曰"本心"，曰"仁者人心"，亦不爲少。蓋天下萬事所以應之者，不出乎喜怒哀樂，四者皆心之用也。就吾之心以合人心，則喜怒哀樂悉協乎宜，而萬事理矣。是故心外無理，理外無事，心無不該，神妙莫測。推而行之爲王道，默而存之爲天德。子貢此問，在問"一貫"前，若"一貫"後，便無此問。聞"一貫"時，必不訕然止。

子曰吾之於人也誰毀誰譽　章

子曰："吾之於人也，誰毀誰譽？如有所譽者，其有所試矣。斯民也，三代之所以直道而行也。"

誰毀誰譽，直道也。斯民即三代所以直道而行之民，安可誣也？對吾曰人，對三代言曰民，民亦人也。夫毀譽失實，惟士大夫爲甚，孤恃意見，而氣焰又有以驅之也。我之所憎，遂無所不可憎，雖有善迹弗顧也，於是有溢惡之言而爲毀；我之所愛，遂無所不可愛，雖有惡迹弗顧也，於是有溢美之言而爲譽。毀譽在上，則賞罰失而政教衰；毀譽在下，則是非淆而風俗敝。夫子無毀譽，何待言爲？是言者，所以深警夫作好作惡者也。究之直道在人，千秋自有公論，毀焉而卒莫能掩其美，譽焉而卒莫能匿其惡。故又言斯民直道，以明無所容其毀譽。嗚呼！此《春秋》所由作與？

子曰吾猶及史之闕文也　章

子曰："吾猶及史之闕文也，有馬者借人乘之。今亡矣夫！"

國史操之一心，傳之萬世，尤不可誣。古人問富、數馬，以對人情之所保持；闕文、借馬，見盛世淳實淳厚之遺風。今亡矣夫，嘆人心風俗之日趨於下也。

巧言亂德　章

子曰："巧言亂德。小不忍則亂大謀。"

巧言者，似德之言。此等在上則爲奸臣，在下則爲僞儒，最所不堪。不忍乃惻隱之發，對大謀故曰小。夫子此言，分明説出墮都、出甲、誅少正卯等件一段手眼，後來劉、項成敗全在此。夫收場一着，英雄之所必然。

鴻溝既劃，項羽惰歸，不乘此時蹴滅之，而縱使滋蔓乎？留侯之謀天也，實開四百年太平之基。或乃執以爲訾，此之謂小不忍則亂大謀。

宋元祐時，君子道長，小人躑躅，然足以爲梗者數人耳，能用之大善，或包而防之；度皆未能，則明著其罪，殺而肆諸市朝，天下無事矣。

"録人之過，不宜太盡"，此鄉曲長者之言，非政府所宜。小人陰狡窺伺，極惡窮兇，盡猶未也，而相覆蓋乎？君子有以知宋之不競也。

子曰衆惡之必察焉　章

子曰："衆惡之，必察焉；衆好之，必察焉。"

衆惡，共惡也。共而未必公，公而未必明，安可不察？衆好亦然。莫道善，善從長也。

人能弘道　章

子曰：“人能弘道，非道弘人。”

蘇東坡曰：“三才，天處虛，地處實，惟人總虛實而處其中。有性有情，有事有倫，有物有則，故道之權獨屬之。”

過而不改　章

子曰：“過而不改，是謂過矣。”

悔過然後能改過，恥過然後能悔過。恥者，良心之動也。不恥則不悔，不悔則不改。抑或恥矣且悔矣而不改；或又持之以勝氣，假之以文飾，善路塞矣。夫由恥而悔而改，則可以作聖；由恥而恬而文，極至於作非。恥者，其善惡之幾乎！

子曰吾嘗終日不食　章

子曰：“吾嘗終日不食，終夜不寢，以思，無益，不如學也。”

憑心探索精微曰“思”。“學”也者，於身世上着實檢點，務盡道理，所謂格物也。聖人不須此輾轉擬議，特爲離事求理者下此針砭。

子曰君子謀道不謀食　章

子曰："君子謀道不謀食。耕也，餒在其中矣；學也，禄在其中矣。君子憂道不憂貧。"

"謀"，謀爲也，以事言。"憂"，以心言。

子曰知及之仁不能守之　章

子曰："知及之，仁不能守之；雖得之，必失之。知及之，仁能守之，不莊以蒞之，則民不敬。知及之，仁能守之，莊以蒞之。動之不以禮，未善也。"

"之"指天命之性道與教之大原也。知及之而不能守，徒知也。守在仁，若知而仁能守，則得矣。大本已立，可以與天下相見，而蒞民不莊，亦不足生其敬畏之心。知及仁守、莊蒞，所以動之者。未悉協乎剛柔動植之宜，先後緩急之節，猶未爲至善也。

子曰君子不可小知而可大受也　章

子曰："君子不可小知，而可大受也；小人不可大受，而可小知也。"

孫子曰："'不可小知'，謂不可以一事之長知之。此在穆然澹泊内，想像出静翕精神。君子小人皆有可不可，方能盡君子之長，不棄小人之用，是經世大手。"①

子曰民之於仁也甚於水火　章

子曰："民之於仁也，甚於水火。水火，吾見蹈而死者矣，未見蹈仁而死者也。"

民非水火不生活，然哀莫大於心死，而身死次之。水火養身，仁養心，故甚於水火。況水火猶有所害，仁則有利無害。民奚爲弗仁乎！

當仁不讓　章

子曰："當仁不讓於師。"

仁，吾所自具，非有所受，何讓之有？故凡事貴讓，惟仁不讓，於師亦然。

君子貞而　章

子曰："君子貞而不諒。"

---

① 見孫奇逢《四書近指》卷十一。孫著作："小人不能以器識包人，受窮於大。君子不能以微細入人，知窮於小。知發乎外，自小受藏於中，自大君子小人皆有可不可，方能盡君子之長，不棄小人之用。蘇雲卿謂：'張德遠長於知君子，而不長於知小人，終非經世大手。'"孫奇逢《晚年批定四書近指》卷十作："不可小知，謂不可以一事之長知之。此在穆然淡漠內，想像出靜翕精神，故曰可大受。"

馮厚齋[一]曰：“歷萬變而不失其正者，貞也；諒，則固守而不知變者也。故曰貞者事之幹，豈若匹夫匹婦之爲諒。”

【注】

[一] 馮厚齋：馮椅，字儀之，一字奇之，南宋南康都昌（今江西都昌）人。光宗紹熙四年（1193）進士，任江西轉運司幹辦等職。師從朱熹。精於《易》學。曾注《論語》，後人編爲《論語輯説》。

事君敬其　章

子曰：“事君，敬其事而後其食。”

人臣事君，務盡其職，禄非所計。

有教無類　章

子曰：“有教無類。”

陸象山於流品不甚分，惟辨邪正，亦得聖人意。

衆人如是，賢人否，聖人否，是邪道也；賢人如是，衆人否，聖人否，是曲道也；聖人如是，衆人否，賢人否，道之變也；衆人如是，賢人如是，聖人如是，是謂道之大同。然同之中有不同焉，迹同而心不同也。大同猶有不同，況本不同乎？教也者，所以反其不同以歸於同者也，所謂有教無類也。

道不同不　章

子曰："道不同，不相爲謀。"

曰"道不同"，道之不同也，蓋君子與君子意見之異，雖非若邪正善惡之背馳，而相謀必不能以相成。其邪正善惡相背馳者，勿論矣。

辭達而已　章

子曰："辭達而已矣。"

東坡"行乎其所不得不行，止乎其所不得不止"，得"達"字意。

師冕見及階子曰階也　章

師冕見，及階，子曰："階也。"及席，子曰："席也。"皆坐，子告之曰："某在斯，某在斯。"師冕出。子張問曰："與師言之道與?"子曰："然。固相師之道也。"

鹿氏曰："道之本色，全不論成規，祇心不容已處便是。師冕見彼於階席，主客位次固不得知，而我聽其倀倀，周張錯亂，此心容已乎? 不容已乎? 從此處求道，而道可知矣。"①愚謂："老者安之，朋友信之，少者懷之"，亦作如是觀。聖人之道，隨地隨人隨時，合如是便是如是。

――――――

① 見鹿善繼《四書說約》卷十六。

論語義疏卷十六

季氏將伐顓臾　章

季氏將伐顓臾。冉有、季路見於孔子曰："季氏將有事於顓臾。"孔子曰："求！無乃爾是過與？夫顓臾，昔者先王以爲東蒙主，且在邦域之中矣，是社稷之臣也。何以伐爲？"冉有曰："夫子欲之，吾二臣者皆不欲也。"孔子曰："求！周任有言曰：'陳力就列，不能者止。'危而不持，顛而不扶，則將焉用彼相矣？且爾言過矣。虎兕出於柙，龜玉毀於櫝中，是誰之過與？"冉有曰："今夫顓臾，固而近於費。今不取，後世必爲子孫憂。"孔子曰："求！君子疾夫舍曰欲之而必爲之辭。丘也聞有國有家者，不患寡而患不均，不患貧而患不安。蓋均無貧，和無寡，安無傾。夫如是，故遠人不服，則修文德以來之。既來之，則安之。今由與求也，相夫子，遠人不服而不能來也，邦分崩離析而不能守也，而謀動干戈於邦內。吾恐季孫之憂，不在顓臾，而在蕭墻之內也。"

因憂生欲，因欲生爭。欲之在人，誰不如我？其爭寧有窮乎？大抵天下事無獨安獨全，公則日裕，私則日蹙，故莫己自人始。古之毒人者，未有非自毒者也。

孔子曰天下有道則禮樂征伐　章

孔子曰："天下有道，則禮樂征伐自天子出；天下無道，則禮樂征伐自諸侯出。自諸侯出，蓋十世希不失矣；自大夫出，五世希不失矣；陪臣執國命，三世希不失矣。天下有道，則政不在大夫。天下有道，則庶人不議。"

孫子曰："此章《春秋》之終始。自天子，是春秋以前時節。自諸侯，隱、桓、莊、閔也；自大夫，僖、文、宣、成也。襄、昭、定、哀時，陪臣執命。"①

孔子曰禄之去公室　章

孔子曰："禄之去公室五世矣，政逮於大夫四世矣，故夫三桓之子孫微矣。"

上凌則下替，理勢必然。恣睢爲强，所以自弱。或曰："定公五年，陽貨已囚桓子。'故夫'二字作已然看。就事感嘆，非推論也。"

孔子曰益者三友　章

孔子曰："益者三友，損者三友。友直，友諒，友多聞，益矣。

① 見孫奇逢《晚年批定四書近指》卷十。孫著作："此章備《春秋》之終始自天子，是春秋以前時節；自諸侯是隱、桓、莊、閔之《春秋》也；自大夫是僖、文、宣、成之《春秋》也；自陪臣則襄、昭、定、哀之《春秋》也。"

友便辟，友善柔，友便佞，損矣。"

六者損益，皎然易見。而所友往往相反者，三益皆所敬畏，三損①皆所狎易也。益須漸摩，狎友淫朋，能轉移人志意於片語單辭間。

孔子曰益者三樂　章

孔子曰："益者三樂，損者三樂。樂節禮樂，樂道人之善，樂多賢友，益矣。樂驕樂，樂佚游，樂宴樂，損矣。"

樂節禮樂，則正而不繁，和而有制。樂道人之善，則可以養己之善，鼓人之善。樂多賢友，則取善廣而講論精。驕樂、佚游、宴樂，泯泯者大率如此。其樂也，其憂也。

孔子曰侍於君子有三愆　章

孔子曰："侍於君子有三愆：言未及之而言，謂之躁；言及之而不言，謂之隱；未見顏色而言，謂之瞽。"

從長者而上丘陵，則必向長者所視。若能推是禮以侍君子，則無三者之愆。三愆皆由便己。

---

① "損"，原誤作"益"，據文意改。

孔子曰君子有三戒　章

孔子曰："君子有三戒：少之時，血氣未定，戒之在色；及其壯也，血氣方剛，戒之在鬥；及其老也，血氣既衰，戒之在得。"

三戒終身之事，分時言之，舉所重耳。戒色在能遠，戒鬥在能忍，戒得在思義。

孔子曰君子有三畏　章

孔子曰："君子有三畏：畏天命，畏大人，畏聖人之言。小人不知天命而不畏也，狎大人，侮聖人之言。"

天命，天之令也，敢弗畏乎？大人，天命之以長人；聖人之言，天命之以覺人，敢弗畏乎？小人不知天命而不畏，因亦不畏大人，不畏聖人之言，而狎且侮矣。

孔子曰生而知之者上也　章

孔子曰："生而知之者，上也；學而知之者，次也；困而學之，又其次也；困而不學，民斯爲下矣。"

雖生知亦不廢學，故學尚焉。學知者，聖人之所以爲教也。學知爲生知之次，即困而能學，亦爲其次。惟困矣而又不學，民斯爲下耳。古來困學居多，困而思反，其道乃亨。

聖學在知，生知、學知、困知皆知也。謂足到日到，周悉其曲折也。統而言之，道也。若撦揯以爲知，譬如坐地觀畫圖，一目可極，千里都未夢見。

孔子曰君子有九思　章

孔子曰："君子有九思：視思明，聽思聰，色思溫，貌思恭，言思忠，事思敬，疑思問，忿思難，見得思義。"

孫子曰："凡人之思，如風中燭，不能照物，憧憧往來，千頭萬緒，不可爲思。掃衆情，驅萬誠，而後有此九思。上六句是順德，末三句是逆德。一是增美，一是釋回；一是求所本有，一是去所本無。"①

明道稱客氣消盡爲大賢，今學者適以長其客氣耳。其學日進，客氣亦日勝，是人也，必有受其弊者矣，非第一身一家之難而已也。忿者，客氣之動也。

孔子曰見善如不及　章

孔子曰："見善如不及，見不善如探湯。吾見其人矣，吾聞其語矣。隱居以求其志，行義以達其道。吾聞其語矣，未見其人也。"

好惡各致其誠，此爲能自潔之士。若夫可潛可見，運造化而生於心，此天民大人之事也。或曰："春秋時即有伊尹、太公，亦無湯、武。孔子一生轍環，老於洙泗。故曰：求志、達道二者合一，未見其人。"自是實話。

---

① 見孫奇逢《晚年批定四書近指》卷十。

齊景公有馬千駟　章

齊景公有馬千駟，死之日，民無德而稱焉。伯夷、叔齊餓於首陽之下，民到於今稱之。其斯之謂與？“誠不以富，亦祇以異”二句在此節首。

世人重富輕貧。夫子引《小雅》“誠不以富，亦祇以異”之辭，特舉出兩樣人，一富一異，盡量刻畫，冷冷撥轉，而末復流連唱嘆，坐實《詩》辭，呼醒夢夢。

陳亢問於伯魚曰　章

陳亢問於伯魚曰：“子亦有異聞乎？”對曰：“未也。嘗獨立，鯉趨而過庭。曰：‘學《詩》乎？’對曰：‘未也。’‘不學《詩》，無以言。’鯉退而學《詩》。他日，又獨立，鯉趨而過庭。曰：‘學禮乎？’對曰：‘未也。’‘不學禮，無以立。’鯉退而學禮。聞斯二者。”陳亢退而喜曰：“問一得三：聞《詩》，聞禮，又聞君子之遠其子也。”

《論語》雖片語單辭，尋味無窮，字字皆元氣鼓鑄。此章亟思之，不得意義之所存。謂記者特欲著夫子之庭訓，而亦多剩辭瑣語，不敢強疏，俟之俟之。

邦君之妻君稱之曰夫人　章

邦君之妻，君稱之曰“夫人”，夫人自稱曰“小童”；邦人稱之曰“君夫人”，稱諸異邦曰“寡小君”；異邦人稱之，亦曰“君夫人”。

　　此正名重嫡之意。京山郝氏[一]曰：“稱諸異邦，亦爲邦人稱之也，如大夫士出使他邦致辭之類，非夫人自稱也。夫人無越國，亦無有自稱爲君者。《曲禮》襲用此文，謂夫人自稱於諸侯曰‘寡小君’，誤也。”①孫子曰：“此説足正從來傳注之誤。”②

【注】

　　[一] 京山郝氏：郝敬，字仲輿，號楚望，明湖北京山（今湖北京山）人。萬曆十七年（1589）進士，任禮科給事中等職。後觸怒上峰，考核爲下下等。不久辭官歸里，遍注群經。有《論語詳解》等傳世。

---

　　① 見郝敬《論語詳解》萬曆四十六年刻本卷十六。
　　② 見孫奇逢《四書近指》卷十一。按：本段所有文字均引自孫氏《四書近指》。

論語義疏卷十七

陽貨欲見孔子孔子不見　章

陽貨欲見孔子，孔子不見，歸孔子豚。孔子時其亡也，而往拜之，遇諸塗。謂孔子曰："來！予與爾言。曰：懷其寶而迷其邦，可謂仁乎？曰：不可。好從事而亟失時，可謂知乎？曰：不可。日月逝矣，歲不我與。"孔子曰："諾。吾將仕矣。"

君子於小人，祇有避之一法，必不幸而與之相值，亦必不顯與之角也。觀孔子於陽貨，其始也何其持重，其既也何其委蛇，其終也何其鬆利。

自古小人之害，多由君子激成之。明東林諸君子，何其亟也！小人即不顧名義，必且懼罪，至於罪之不遑懼，鋌而走險，憑勢以逞，天下事必無幸矣。夫忠賢之毒，過於陽貨，而東林之賢，不及孔子，欲益反損，亦奚爲者？或曰："孔子之事，惟孔子行之。不及聖人而學聖人之事，且至失身。"然則《論語》之作何爲乎？陳敬宗反王振之弊[一]，而爲書扇；魏忠賢甥饋馬於孫夏峰[二]，婉辭以却。此皆善學孔子，未爲失身。必恣睢於暴人之前，執逆鱗而探虎鬚哉？

君子不居德，不長怨。愚聞之長老云："晦翁之答誠正也[三]，敬軒之不謝奄也[四]，龍溪之却宫寮也[五]，其品高矣，其言皆不免尚口。"試觀孔子之於陽貨，始終不着一字。孟子於齊滕之問，何等含蓄？鄭語云："有麝自然香。"我行吾正，奚爲必伸斷斷己意於諸不如己者之前，以重滋其垢病也？

【注】

[一] 陳敬宗反王振之弊：陳敬宗，字光世，號澹然居士，明浙江慈溪（今屬浙江寧波）人。永樂二年（1404）進士，歷仕永樂、宣德、正統、景泰四朝，任南京國子監祭酒等職。正統時，權宦王振向陳敬宗送禮示好并求字。陳退回禮物，贈王氏扇子，上寫程頤的視、聽、言、動《四箴》。

[二] 魏忠賢甥饋馬於孫夏峰：孫夏峰，即孫奇逢，字啓泰，明末河北容城人，晚年定居河南輝縣夏峰村。明清之際的北方儒宗，與東林党人交好，有俠義風，名動天下。明熹宗寵信乳母客氏與宦官魏忠賢。客、魏多行不法。客氏的兄弟光先通過中間人，贈孫奇逢名馬。孫奇逢辭以家貧，無力喂馬。光先又贈養馬之需。孫再辭以體弱多病，不能騎馬。平泉所記有誤。

[三] 晦翁之答誠正也：晦翁，指朱熹。宋孝宗初即位，鼓勵群臣上書言事。朱熹上書，建議皇帝先完善自身修養，纔能完成光復事業。就此，朱氏弟子與之産生一系列問答。朱熹在回答中談到："誠意"也即意念真誠，是自修之首；"正心"也即端正内心，也是提高自身修養的必由之徑。

[四] 敬軒之不謝奄也：敬軒，指薛瑄，字德温，號敬軒，明河津（今屬山西運城）人。正統時大理寺少卿。權宦王振意圖交接，贈送禮物并約見面。薛瑄謝絶。内閣首輔楊士奇恐其得罪王振，勸薛氏至王府道謝。薛曰："安有受爵公朝，謝恩私室之理？吾不爲耶！"後果遭陷害下獄，多方營救方免死。

[五] 龍溪之却官寮也：龍溪，指王畿，字汝中，號龍溪，明山陰（今浙江紹興）人。嘉靖時心學家、陽明弟子。曾任南京兵部郎中，其學被内閣大學士夏言斥爲"偽學"，遂棄官歸鄉，以講學終身。

性相近習也　章

子曰："性相近也，習相遠也。"

惟上知與　章

子曰：“惟上知與下愚不移。”此與上章當合爲一。“子曰”二字蓋衍文也。

此言性之折衷。“上知”謂生知之聖人，“下愚”若不辨豆菽等輩，“不移”謂非習所能移，此其性之相遠者也。至於世間元惡大憝，皆自暴自棄，正所謂“習相遠”，不在“下愚”例。

子之武城聞弦歌之聲　章

子之武城，聞弦歌之聲。夫子莞爾而笑，曰：“割雞焉用牛刀？”子游對曰：“昔者偃也聞諸夫子曰：‘君子學道則愛人，小人學道則易使也。’”子曰：“二三子！偃之言是也。前言戲之耳。”

孫子曰：“唐、虞、三代之治，偶露靈於武城，故喜極而戲其所治之小。然其心恨不即敷唐、虞、三代之治於天下，故揭其言之是，而曰‘前言戲之耳’，皆喜極之辭。”①

觀陸子荆門之政[一]，乃知吾儒自有真也。是必非措大者及一切功名之士所能與。周益公[二]以爲躬行之驗者，得之。

【注】

　[一]陸子荆門之政：陸九淵知荆門軍時，實行八政，即建城墙，除弊

――――――――――

　①　見孫奇逢《四書近指》卷十二。孫著“皆喜極之辭”上有“始終”二字。

風、罷三引、蠲銅錢、建保伍、重法治、嚴邊防、堵北泄、勤視農，政績卓著。當時丞相周必大稱“荊門之政”爲躬行之效。

[二]周益公：周必大，字子充，一字洪道，自號平園老叟，封益國公，南宋吉州廬陵(今江西吉安)人。紹興二十一年(1151)進士，任吏部尚書、左丞相等職，提倡理學。

公山弗擾以費畔　章

公山弗擾以費畔，召，子欲往。子路不説，曰：“末之也已，何必公山氏之之也？”子曰：“夫召我者而豈徒哉？如有用我者，吾其爲東周乎？”

孫子曰：“用世熱腸，一觸即動。其心可以動天地鬼神，而未可一一爲及門弟子道也。子路之言誠是。即不言，子亦不往。‘吾其爲東周乎’，情之所寄耳。以文武之法度，整攝名分，有多少經綸在。”①用之人在人，爲之在我。聖人自有聖人作用。神龍尺水興波，理固有不可測者。“爲東周”，言與西周相望代興。光武都洛陽爲東漢，正好於此參領。

子張問仁於孔子孔子曰能行五者　章

子張問仁於孔子。孔子曰：“能行五者於天下，爲仁矣。”“請問之。”曰：“恭、寬、信、敏、惠。恭則不侮，寬則得衆，信則人任焉，敏則有功，惠則足以使人。”

---

① 見孫奇逢《四書近指》卷十二。孫著“動天地鬼神”作“對天地鬼神”，“經綸”作“經理”。

或曰："能行五者於天下，人各得其心，盛德大業悉備於此。"故曰"仁""恭則不侮"等句，非效也，言必至此而後無虧欠，皆能行盡頭處。古之聖賢所講求者，無非帝王將相之具，其見於六經與平居師弟子之間多此類。按：子張問"仁"，夫子答以能行五者於天下爲"仁"。子貢言"夫子之不可及"，而推之於得邦家，此足見洙泗學術。

佛肸召子欲往　章

佛肸召，子欲往。子路曰："昔者由也聞諸夫子曰：'親於其身爲不善者，君子不入也。'佛肸以中牟畔，子之往也，如之何？"子曰："然。有是言也。不曰堅乎，磨而不磷；不曰白乎，涅而不緇。吾豈匏瓜也哉？焉能繫而不食？"

子路所言，夫子不能易也。然所謂知其一不知其二，"不曰"一轉，刺入深際。孫子曰："通士之累在磷緇[①]，貞士之病在繫。聖人有通士之權而無其累，有貞士之守而無其拘。玩'匏瓜'二句，想見夫子乘機遇會，便爲人所不能爲、爲人所不敢爲處。"[②]

樂正子從子敖至齊[一]，或謂其欲學孔子而責之曰："孟子且不敢託於大聖人之行，克何爲者？"此言非也。克之罪至在不學孔子而比之匪人。孟子事事學孔子，從來善學孔子者莫如孟子；孟子善學孔子，不必似孔子也。

---

①　"緇"，原誤作"淄"，據《晚年批定四書近指》改。
②　見孫奇逢《晚年批定四書近指》卷十一，孫著作："通士之累在'磷'字'緇'字，貞士之病在'繫'字。聖人有通士之權而無其累，有貞士之守而無其拘。玩'匏瓜'二句，想見夫子乘機遇會，便爲人之所不能爲、爲人之所不敢爲處。"

【注】

　　［一］樂正子從子敖至齊：樂正子，名克，戰國時魯國官員，孟子弟子，很受孟子欣賞。子敖，王驩，字子敖，齊國大夫，齊宣王的寵臣，遭到孟子鄙視。子敖出使魯國，返回齊國時樂正子與之同行。樂正子到齊國拜見了正在當地爲卿的孟子。

子曰由也女聞六言六蔽矣乎　章

　　子曰："由也！女聞六言六蔽矣乎?"對曰："未也。""居！吾語女。好仁不好學，其蔽也愚；好知不好學，其蔽也蕩；好信不好學，其蔽也賊；好直不好學，其蔽也絞；好勇不好學，其蔽也亂；好剛不好學，其蔽也狂。"

　　好愈深者蔽愈甚，惟學可以撤之。仁而能反則不愚，智而能斂則不蕩，信而能通則不賊，直而能曲則不絞，勇而能怯則不亂，剛而能柔則不狂。

　　六言皆美德。不學則有蔽，學也者去蔽也，欲去蔽故學。或謂①："蕩蕩平平之道，不可望於晦亂之時。"此言殆非也。不蕩平即是蔽，此之不望，杏壇之教隱矣。

　　恰是對子路語。或謂："子路死孔悝之難，卒不免於愚。"愚謂："食焉避其難，千古懍懍，所謂見危受命也，仁而不愚。"

　　孫子曰："六言者，六個話頭也。這六言把做話頭拈弄不得，須是參研自心，使我靈明迸露，到處逢源，遇慈祥處謂之仁，遇照朗處謂之智，信、直、勇、剛亦如是。故君子終身有六德之用，而實未有六言之名。若祇羨慕六個話頭，纔開口即是墻垣，所謂蔽

---

　　①　"謂"，原誤作"爲"，據文意改。

也。夫子劈頭一語，直是提子路於萬障之中，一一剖出病症，使他自返。病雖有六，樂惟一學。"①按：一切美言善行，到孔子乃無蔽，所以爲集大成百世之師。

子曰小子何莫學夫詩　章

子曰："小子！何莫學夫《詩》？《詩》，可以興，可以觀，可以群，可以怨。邇之事父，遠之事君。多識於鳥獸草木之名。"

夫子稱《詩》屢矣。惟此章兼内外、體用、鉅細備言之，深嘆小子不學而招之使學也。

子謂伯魚曰女爲周南召南矣乎　章

子謂伯魚曰："女爲《周南》《召南》矣乎？人而不爲《周南》《召南》，其猶正墻面而立也與？"

《二南》誰不讀？所貴乎其爲之也。爲之者，取文王所以修身刑家之道，反躬實踐於己也。不爲《周南》《召南》，所謂身不行道，不行於妻子，況其遠者乎？是正墻面而立也。

---

① 見孫奇逢《晚年批定四書近指》卷十一，孫著作："六言者，六個話頭也。這六件把做話頭拈弄不得，須是參研自心，使我靈明迸露，到處逢源，遇慈祥處謂之仁，照朗處謂之智，信、直、勇、剛亦復如是。故君子終身有六德之用，而實未有六言之名。若祇羨慕六個話頭，纔開口即是牆垣，所謂蔽也。夫子劈頭一語，直是提子路於萬障之中，一一剖出病症，使他自返。病雖有六，良藥祇一'學'字。"

子曰禮云禮云玉帛云乎哉　章

子曰：“禮云禮云，玉帛云乎哉？樂云樂云，鐘鼓云乎哉？”

玉帛鐘鼓，皆禮樂之具必不可少者。世之言禮樂者，知有此而已。夫子特爲喚醒，使人參取。

子曰色厲而内荏　章

子曰：“色厲而内荏，譬諸小人，其猶穿窬之盗也與？”此與後二章是一時語，宜合并爲一章。

矜飾於外，意在欺人，惟恐敗露，是其情狀曖昧，隱伏在小人中，猶穿窬之盗。

《詩·小雅》“荏染柔木”，《傳》：“荏染，柔意也。”又《篇海》[一]：“荏染，亦作荏苒，輾轉也。本注荏爲柔弱。”孟子稱浩然之氣至大至剛，又不淫、不移、不屈爲大丈夫，蓋反乎此者荏也。荏庸夫常分厲者，何也？噫！虎皮羊質，哀哉！建安[二]、青田八字着脚，故是士林圭臬。

【注】

[一]《篇海》：原作《海篇》。按：《篇海》即《四聲篇海》，是金代韓孝彦、韓道昭父子在王太《類玉篇海》基礎上編纂的一部大型字書。據改。

[二]建安：指王陽明。他曾封建安伯。

鄉愿德之　章

子曰："鄉愿，德之賊也。"

闇然媚世，非色厲也；自以爲是，非内荏也。忠信廉潔，竊德之似，害德之實，故曰"德之賊"。

無非無刺，内欺其心，而人不見。彌縫矯飾於外，人皆游其術中。衆譽群推，以爲有道之士。此最無心肝人，永絶於堯舜之道，故孔孟皆深惡之。鄉愿者，振古神奸，屏處而未敗露者也。

道聽而塗　章

子曰："道聽而塗説，德之棄也。"

入耳出口，悠悠不相關涉，此知德之爲美。浮慕於外而無踐履之實，德不吾與也，是德之棄也。

首言外强中乾，自絶於德，此標榜之學；次言假德之似，亂德之真，此軌附之學；末言口耳撏撦，於德無與，此考博之學。三者皆無性靈。人性靈不著而務諸外，出彼入此，聖人深爲萬世慮，極力斥喝，發露盡致。如依律定罪，聞者心死。而孟子"失其本心"四字，乃照妖鏡也。

子曰鄙夫可與事君也與哉　章

子曰："鄙夫可與事君也與哉？其未得之也，患得之；既得之，患失之。苟患失之，無所不至矣。"

患得者，未有不患失者也。患失必不肯失，此人尚堪問哉？無所不失，見鄙夫欺君誤國，情態萬狀，莫可紀極。史册中此輩真是不少，亦未見一二能免者。

子曰古者民有三疾　章

子曰：“古者民有三疾，今也或是之亡也。古之狂也肆，今之狂也蕩；古之矜也廉，今之矜也忿戾；古之愚也直，今之愚也詐而已矣。”

何至疾亦不如古？夫子蓋深傷之也。蕩者勿與校禮法，忿戾者勿與辨是非，詐者勿與計信義。

三疾在後世皆爲臣人，然狂者多瑕疵，愚者多困辱，巋然物望共震怖以爲大賢人、大君子者矜爲多，推美太過，轉失本量，受者不能無愧，而大道隱矣。夫子以爲疾，醫萬世也。

巧言令色　章①

子曰：“巧言令色，鮮矣仁。”

子曰惡紫之奪朱也　章

子曰：“惡紫之奪朱也，惡鄭聲之亂雅樂也，惡利口之覆邦

---

① 此章與卷一重複。平泉僅列原文，無義疏。

家者。”

紫奪朱，鄭亂雅，千人共見，引來與利口覆邦家一例便醒。不然，或且謂一利口耳，何至便覆邦家？不及之，不信；及之信，晚矣。

子曰予欲無言　章

子曰：“予欲無言。”子貢曰：“子如不言，則小子何述焉？”子曰：“天何言哉？四時行焉，百物生焉。天何言哉？”

“莫我知”，爲子貢發也。言及“知我其天”，而子貢之知進。“欲無言”，亦爲子貢發也。推至“天何言哉”，而子貢之學進。下學上達，無言而時行物生，一而已矣。此蓋所謂天道也。

孺悲欲見孔子　章

孺悲欲見孔子，孔子辭以疾。將命者出戶，取瑟而歌，使之聞之。

斥原壤，復以一叩諢之；拒孺悲，復以一歌聯之。殷意長情，千載如見。其前，《春秋》之義也；其後，《孝經》之旨也。

宰我問三年之喪　章

宰我問：“三年之喪，期已久矣。君子三年不爲禮，禮必壞；三年不爲樂，樂必崩。舊穀既没，新穀既升，鑽燧改火，期可已矣。"子曰:"食夫稻,衣夫錦,於女安乎?"曰:"安。""女安則爲之。夫君子之居喪,食旨不甘,聞樂不樂,居處不安,故不爲也。今女安,則爲之!"宰我出。子曰:"予之不仁也! 子生三年,然後免於父母之懷。夫三年之喪,天下之通喪也。予也有三年之愛於其父母乎!"

此章蓋宰我居喪及期而有此問也。三年通喪,豈得妄議?"安"之一字,尤爲悖理,駭人聽聞。夫子爲力言乎三年之喪皆出於人心之不容已,復就予身上惻惻提呼,直斥之以不仁,聲情激越,正使千載下無父母人讀之涕泗橫流。夫子説此話時,定是汪汪熱泪滿眼。宰我聞之,其何以自處耶? 記者欲著夫子之語,明喪制於萬世,不得不列宰我之語言,無暇爲之諱也。然今人不行三年喪,自非賢者。不知其視宰我所謂"期"何如耳?

子曰飽食終日　章

子曰:"飽食終日,無所用心,難矣哉! 不有博弈者乎? 爲之猶賢乎已。"

群居曰難,危之也;此亦曰難,憐之也。彼爲匪人,此爲廢物。

心得所用,則氣定而身安,心雖造次顛沛,炯然有神明之契。孔子言"博弈猶賢乎已",宋藝祖[一]謂"李煜若不飲酒,何以度日",皆閔其無所用心也。

【注】

[一] 宋藝祖:指宋太祖趙匡胤。他鄙視南唐後主李煜無所用心,祇知道飲酒作樂。

子路曰君子尚勇乎　章

子路曰：“君子尚勇乎？”子曰：“君子義以爲上。君子有勇而無義爲亂，小人有勇而無義爲盜。”

用“義”字折“勇”字，分出君子小人，推極於爲亂爲盜。字間挾風雷之勢，力量萬鈞，挫盡行行之氣，所謂聽其言也厲。或曰：“此子路初見夫子時問答是也。到有勇知方時，方即義。”

子貢曰君子亦有惡乎　章

子貢曰：“君子亦有惡乎？”子曰：“有惡：惡稱人之惡者，惡居下流而訕上者，惡勇而無禮者，惡果敢而窒者。”曰：“賜也亦有惡乎？”“惡徼以爲知者，惡不孫以爲勇者，惡訐以爲直者。”

君子之惡，一助惡，一傷善，一賊義，一任氣，皆小人之尤，故特抽出。子貢所惡，皆小人之傾險者，在國亂國，在家亂家。若夫姑息以爲仁，抱硁以爲信，決裂以爲剛，雖非道，未爲可惡也。

稱人惡，如子雲美新[一]，介甫獎馮道[二]，可惡也而反稱之，悖惡之理，故首及之。下流訕上，己不能修而忌人之修，邪曲害公，亂是非之正，勇而無禮，必爲亂階，果敢而窒，猖狂妄行，不可救藥，皆可惡也。

少正卯大罪在五“而”字[三]，與此七惡，皆小人之有力者。小人有力，能誅則誅之，不能誅則惡之而已。惡者，誅之未及者也，此聖門之爰書也。

子貢之問，先有三惡在喉間。記者於其對省一“曰”字，便傳出口角精神。

孫子曰："維持世教，在國法則賞窮而罰佐之，在人心則好窮而惡佐之。君子之惡，惡心體之不明；子貢之惡，惡心術之不正。俱是爲世道人心之防。上節是理不該如此而倒如此，故都用'而'字，乃相反語氣；下節是事本不如此而冒以爲如此，故都用一'爲'字，乃造作語氣。罵得都是英雄，貶得都是豪傑聖賢，都成就天下有才力、有性氣、有作用人。若庸人駑僕，治亂無關，如何有怒罵之分？"①

【注】

[一]子雲美新：子雲，指東漢揚雄。他曾於王莽篡漢立新後，上《劇秦美新》疏，稱頌其功業，爲後世詬病。

[二]介甫獎馮道：介甫，北宋王安石。馮道，五代時名臣，歷仕後唐、後晉、後漢、後周四朝，始終主張向遼稱臣。王安石認爲馮道能夠在亂世中忍辱負重，紓解百姓疾苦，贊揚他"能屈身以安人，如諸佛菩薩行"。

[三]少正卯大罪在五"而"字：孔子以"亂政"罪名誅殺少正卯，稱其有"五惡"：心達而險，行僻而堅，言僞而辯，記醜而博，順非而澤。

子曰惟女子與小人爲難養也　章

子曰："惟女子與小人爲難養也，近之則不孫，遠之則怨。"

女子小人難養，夫子細細體認出來。若莊莅慈畜，便無二者之患，猶未爲難，然聖人必有道以處此。

宋政寬大，君子得以展四體，而小人因之玩易[一]多不遜，紀綱未肅。元祐[二]實介治亂之關，有司馬公[三]之忠直、呂正獻[四]之謹愨、范忠宣[五]之仁厚、蘇文忠[六]之通達，可以濟時。若得機權幹略若博陸[七]、贊皇[八]，當更有進，然未見其人也。求諸朝而不得，則反而求諸野，其蘇明允[九]乎？

【注】

[一] 玩易：輕視。

[二] 元祐：宋哲宗的第一個年號（1086－1094）。這一時期，由神宗熙寧時反對王安石變法的舊黨執政。他們廢除新法，打擊支持變法的新黨，被稱爲元祐黨人。

[三] 司馬公：指司馬光，生平見"子曰父在觀其志"章注。

[四] 呂正獻：呂公著，字晦叔，北宋壽州（今安徽壽縣）人。呂夷簡之子。與司馬光友善，熙寧間反對王安石變法，遭貶謫。元祐初，與司馬光共同輔政。卒謚"正獻"。

[五] 范忠宣：范純仁，字堯夫，北宋蘇州吳縣人，范仲淹之子。爲人寬厚。元祐初拜相。他在司馬光要全面廢除新法的時候，盡力勸阻過激之處，又舉薦曾誣告自己的大將種古。卒謚"忠宣"。

[六] 蘇文忠：指蘇軾，生平見"子曰好勇疾貧亂也"章注。

[七] 博陸：指霍光，字子孟，西漢河東郡平陽（今屬山西臨汾）人，霍去病異母弟。漢武帝臨終授大將軍、大司馬職，輔佐年幼的漢昭帝。不久，他平息左將軍上官桀擁立燕王劉旦的變亂，封博陸侯。昭帝死去，霍光立昌邑王劉賀。劉賀多行不法。霍光將之廢黜，又立漢武帝曾孫劉詢爲帝。他富於謀略、勇於任事，保證了國家的穩定。

[八] 贊皇：李德裕，字文饒，唐趙郡贊皇（今河北贊皇）人。唐武宗時拜相。文武兼備，既擅長處理中央及地方行政事務，也擅長撫邊安民。曾領導擊敗回紇侵略，平定藩鎮叛亂。輔佐皇帝實現"會昌中興"。

[九] 蘇明允：蘇洵，字明允，自號老泉，北宋眉州眉山（今四川眉山）人。早年不喜讀書，年二十六纔發憤向學。嘉祐五年（1060）經韓琦推薦，授秘書省校書郎。擅長政論。與其子蘇軾、蘇轍并稱"三蘇"。

年四十而　章

子曰：“年四十而見惡焉，其終也已。”

有心之過爲惡，四十而尚見惡，復何望乎！即晚蓋思補，菁華既竭，亦大概可睹。此爲學道者言。若夫頹闒濟蕩，其終也何待四十？

苟志於仁矣，無惡也。四十見惡，其無志可知。

一陰一陽之爲道，維之者善成之性，故曰性善。學者，學善也。聖人講論，皆在疑似毫厘間以求至善，大抵與善相近，惟惡與善反最所不堪，故曰無惡，曰攻惡、迸惡、鋤惡，曰惡稱人之惡。此章亦深惡痛驚之辭。

論語義疏卷十八

微子去之　章

微子去之，箕子爲之奴，比干諫而死。孔子曰："殷有三仁焉。"

鹿氏曰："往嘗論道，還説易地皆然。至三子同事一主，同爲貴戚，而死生去就，相反如此。於此論仁，纔得滿志。各就所見發揮，至誠惻怛，都到足色。天地真機，萬物生意，原如此。"[①]

孟子"見知""聞知"之論，特約略計之耳。不前不後間，豈無遁世而不見知者乎！伊尹、太公若不遇湯、文，一耕夫釣叟，誰得而知之？且如三仁皆聖者，并未入聞知之班，固未可執孟子之言爲定格以概古人也。

---

① 見鹿善繼《四書説約》卷十八。鹿著作："往嘗論道，還説易地皆然。至三子同事一主，又同爲貴戚，説不得易地，而死生、去留，相反若此。於此處論仁，纔得滿志。三子者不同道，其趨一也。一者何也？曰仁也。君子亦仁而已矣，何必同？注中不同而同，極得各得，本心更精。蓋總是一個題，三人各樣做。祇各就所見發揮，期於至誠惻怛，便都是足色，全不要同。天地真機，萬物生意，原如此。"

柳下惠爲士師　章

柳下惠爲士師，三黜。人曰：“子未可以去乎？”曰：“直道而事人，焉往而不三黜？枉道而事人，何必去父母之邦？”

孟子所謂不以三公易其介，從此看出。然細玩其辭旨，覺得春風滿面，和氣可掬，故爲聖之和。所謂不恭，從此亦可見。

齊景公待孔子曰　章

齊景公待孔子曰：“若季氏則吾不能，以季、孟之間待之。”曰：“吾老矣，不能用也。”孔子行。

聖人所至之邦，不在待之何若，視用不用耳。景公[一]定所以待孔子，而曰不能用，是速其行也。

【注】

　[一]景公：齊景公，任用的有亂臣亦有治臣，在位五十八年，齊國相對穩定。他曾向孔子問政，但不欣賞孔子的政治主張。

齊人歸女樂　章

齊人歸女樂。季桓子受之，三日不朝。孔子行。

魯用孔子矣，忽然荒怠如此，是不用也，故行。

孔子攝相事，魯國大治，齊人歸女樂以間之。桓子之受，定公不朝，何不聞吾夫子出一言諫正而遂行也？吾思之，吾重思之。將知其不可爲而爲之者，亦必需夫可爲，而不可爲者，卒亦不徒爲之與？

楚狂接輿歌　章

楚狂接輿歌而過孔子曰：“鳳兮！鳳兮！何德之衰？往者不可諫，來者猶可追。已而！已而！今之從政者殆而！”孔子下，欲與之言。趨而辟之，不得與之言。

接輿敬愛并至，慨吁良深。聞其言，怦怦欲動，欲與言，避去。確乎不拔，實隱士之高蹈。夫子所欲言者，大抵不離下二章之意云。

長沮桀溺耦而耕　章

長沮、桀溺耦而耕，孔子過之，使子路問津焉。長沮曰：“夫執輿者爲誰？”子路曰：“爲孔丘。”曰：“是魯孔丘與？”曰：“是也。”曰：“是知津矣。”問於桀溺。桀溺曰：“子爲誰？”曰：“爲仲由”。曰：“是魯孔丘之徒與？”對曰：“然。”曰：“滔滔者天下皆是也，而誰以易之？且而與其從辟人之士也，豈若從辟世之士哉？”耰而不輟。子路行以告。夫子憮然曰：“鳥獸不可與同群，吾非斯人之徒與而誰與？天下有道，丘不與易也。”

此章夫子自説所以栖栖之情，至今猶温。

陽明王子云：“必如内重，乃與講學，則法堂前草深一丈。”①

---

① 見王陽明《陽明先生全集·文録二·答劉内重》。原文作：“（學絶道喪之餘，苟有以講學來者，所謂空谷之足音，得似人者可矣。必如内重所云，則今之可講學者，止可如内重輩二三人而止矣。）然如内重者，亦不能時時來講也，則法堂前草深一丈矣。”

何其寬然樂與也！邵康節每當春秋佳日，遨游洛中，隨其所之，與其士人相接，歡笑終日，或經月不反，此即仁也。如何能恝然便推置得下？夫子曰："吾非斯人之徒與而誰與？"

子路從而後　章

子路從而後，遇丈人，以杖荷蓧。子路問曰："子見夫子乎？"丈人曰："四體不勤，五穀不分，孰爲夫子？"植其杖而芸。子路拱而立。止子路宿，殺雞爲黍而食之，見其二子焉。明日，子路行以告。子曰："隱者也。"使子路反見之。至，則行矣。子路曰："不仕無義。長幼之節，不可廢也；君臣之義，如之何其廢之？欲潔其身，而亂大倫。君子之仕也，行其義也。道之不行，已知之矣。"

此章夫子自說出所以栖栖之理，真無可逃。

"君臣之義"四字，千古爲昭。許魯齋[一]，篤道君子也，臨終自貶，義念自深。或謂其追悔事元。此薄夫語，如君臣之義何？

無道則隱，而聖人之與易，正因無道。道有不行之時，而義無時可以不行。記接輿以下三章，於兩孔子行後，見道終不行矣，將聖人平生心事用以傳出，申大義於千秋，結成萬古有情世界。於接輿諸君子所見，皆進一步，深一層。且夫自古聖人，當括囊時，昭然揭日月而行者，亦惟孔子爲然。天不能有治而無亂，故篤生孔子，以寄其仁愛無窮之心，故爲至仁至聖。而諸君子者，迹其一往不返之概，我大而萬物皆小，山深林密，俯仰悠然，豈非潛龍以不見自成其德者與？

【注】

[一]許魯齋：許衡，字仲平，號魯齋，元懷慶路河内縣（今河南沁陽）人。曾任國子祭酒，深受忽必烈信重。《魯齋遺書》卷十三記許氏遺命其子師可曰：“我平生虛名所累，竟不能辭官。死後慎勿請謚立碑。必不可也，但書許某之墓四字，使子孫識其處足矣。”

逸民伯夷叔齊虞仲夷逸朱張柳下惠少連　章

逸民：伯夷、叔齊、虞仲、夷逸、朱張、柳下惠、少連。子曰：“不降其志，不辱其身，伯夷、叔齊與！”謂：“柳下惠、少連，降志辱身矣。言中倫，行中慮，其斯而已矣。”謂：“虞仲、夷逸，隱居放言。身中清，廢中權。我則異於是，無可無不可。”

歷叙逸民而論斷之，末言己之異，説出生平“無可無不可”，是“時”字真詮。鹿氏曰：“無可無不可，莫衹當不執一而已，其間有真櫺柄曰‘仁’，原不落畦徑。宇宙道理都被夫子破了，然却纔得全。”①按：江村此言，爲能真知聖人。然傳聖人者，又所在成滯。觀《禮記・檀弓》《公羊》《穀梁》氏等書，抑何其多泥也！後世陽明王子，其真能學聖人者乎？然亦無甚奇特，但不板滯耳，而當時亦不免有神奸之目。嗟乎！當其不知，則真不知。所謂下士聞道則笑之。

古之降志辱身者，其大不得已乎？必有重於身者也。必有重於身也者，是爲達節。不然，安在其中倫中慮也。

---

① 見鹿善繼《四書説約》卷十八。鹿著作：“無可無不可，莫只當不執一而已。這其間有個杷柄曰‘仁’。‘仁’字原不是落畦徑的。宇宙道理都被夫子破了，然纔得全了，如沒有定盤針，便成無忌憚。”

大師摯適齊　章

大師摯適齊，亞飯干適楚，三飯繚適蔡，四飯缺適秦，鼓方叔入於河，播鼗武入於漢，少師陽、擊磬襄入於海。

自經正樂[一]之後，諸樂官皆躬親聖化，眼界大開，目中看不上，心中過不去，徑自抽身他逝。此亦善法孔子。

【注】

[一]正樂：據《史記·樂書序》："自仲尼不能與齊優遂容於魯，雖退正樂以誘世，作五章以刺時，猶莫之化。"孔子曾經釐正樂音。

周公謂魯公曰　章

周公謂魯公曰："君子不施其親，不使大臣怨乎不以。故舊無大故，則不棄也。無求備於一人。"

此周公所以造魯，即所以造周也。

明太祖晚年，誅除勛舊，如斬草菅，開基薄矣。數傳後，設立詔獄，制御杖，君臣之義微，赫然與士大夫爲仇矣。憑怒逞殘，卒以亡國。天痛於上，人離於下，能勿亡乎？冲融敦大，天地之元氣，所以鼓萬物者也，國家以之彌綸宇宙。觀周公謂魯公[一]之言，知周道所由厚。

【注】

[一]魯公：伯禽，周公姬旦之子。周公封於魯，因在朝輔政，故由伯禽代爲就藩。伯禽治理魯國，一依父親的法度。

周有八士　章

周有八士：伯達、伯适、仲突、仲忽、叔夜、叔夏、季隨、季騧。

十人之外，又有八士，聖世之隆也，使人望古之情愈深。

論語義疏卷十九

子張曰士見危致命　章

子張曰："士見危致命，見得思義，祭思敬，喪思哀，其可已矣。"

四者皆誠身之事。士能如是，大端無虧，庶乎其可矣。

子張曰執德不弘　章

子張曰："執德不弘，信道不篤，焉能爲有？焉能爲亡？"

孫子曰："不弘者，見聞一隅而未窺全體；不篤者，意在擬似而難語實修。任是自負，無關重輕。"①

子夏之門人問交於子張　章

子夏之門人問交於子張。子張曰："子夏云何？"對曰："子夏曰：'可者與之，其不可者拒之。'"子張曰："異乎吾所聞：君子尊

---

① 見孫奇逢《四書近指》卷十三。孫著"聞"作"圍"，是。

賢而容衆，嘉善而矜不能。我之大賢與，於人何所不容？我之不賢與，人將拒我，如之何其拒人也?"

以品交也，尊賢而容衆，則賢者日親，而衆人胥安；以事交也，嘉善而矜不能，則善者日勸，而不能者無怨。此交道也，即大人輔世長民之道，所以與天下相見者也。若子夏所云，乃分然自好之士、專己養高者之所爲，後世顧厨俊及所由紛紛也。然子張論交，乃交際、交接、往來之交；子夏論交，乃與門人論朋友之交，固不得不慎所與也。兩邊"交"字不同，故論遂分馳。要之，二子之論各得，皆原本於夫子之意云。

不能容物，非徒傷德，其名必辱；非徒傷名，其身必危。呂新吾云："兩箇使氣，一對小人。"①語足警世。

子夏曰雖小道必有可觀者焉　章

子夏曰："雖小道，必有可觀者焉；致遠恐泥，是以君子不爲也。"

松陵周季侯[一]曰："致遠恐泥，祇爲源頭上未得融通，所以未免拘礙。若本體渾全，入大入小，各不相礙，何有於泥?"②鹿氏曰："孔門個個都學袖裏乾坤。"③

【注】

[一]周季侯：周宗建，字季侯，號來玉，明吳江（今江蘇蘇州）人。萬曆

---

① 呂坤《呻吟語》卷三内篇作："兩個動氣，一對小人。"
② 周宗建《論語商》作："致遠恐泥，祇爲他源頭上未得融通，所以未免拘礙。若能從心性映徹，如撒銀之珠，無處不圓，入大入小，各不相礙，何至有泥?"
③ 見鹿善繼《四書説約》卷十九。

四十一年(1613)進士,官至福建道御史。天啓時彈劾權宦魏忠賢及其黨羽,被誣下獄,死於獄中。著有《論語商》《老子解》。

子夏曰日知其所亡　章

子夏曰:"日知其所亡,月無忘其所能,可謂好學也已矣。"

孫子曰:"好學祇是時時提醒此心,日有知,月無忘,所以日新不失。"①

子夏曰博學而篤志　章

子夏曰:"博學而篤志,切問而近思,仁在其中矣。"

精專確實,并力着己,雖未及於仁,由此而勉焉,仁在其中矣。

子夏曰百工居肆　章

子夏曰:"百工居肆以成其事,君子學以致其道。"

百工期成其事,君子期致其道。居肆所以成事也,學所以致道也。

百工皆聖人之所爲作,與教稼明倫,并爲日用實際。天地化生,聖人成之,亦所謂贊天地之化育也。

孫子曰:"精神極而變化生。致也者,我不往而彼自來。"②

---

① 見孫奇逢《四書近指》卷十三。
② 見孫奇逢《晚年批定四書近指》卷十二。孫著作:"精神極,而變化生其中矣。積精氣而通之謂之致。致也者,我不往而彼自來。"

小人之過　章

子夏曰：“小人之過也必文。”

太上無過，其次改過。改過復於無過，是爲補過。文過卒爲小人之歸。陸子曰：“學者不長進，祇是好勝。出一言，做一事，便道全是。豈有此理？古人惟貴知過則改，見善則遷。今各執己見，若一經人説破，便愕然。”①百計文飾，以此日流於污下矣。大抵學若爲己，有過如疾痛在身，方且呻吟呼籲，問方求醫，惟恐去之不速，如何能文？小人之過也必文，其有片善也，亦必矜飾過實。學不切身，動止皆僞，總歸於欺人自欺而已矣。

過每起於心之失其養。余最喜文公“操則存，捨則亡”節，注云：“孟子引孔子之言，以明心之神明莫測，得失之易，而保守之難，不可頃刻失其養。學者當無時而不用其力，使神清氣定，常如平旦之時，則此心常存，無時而非仁義矣。”②説得親切警動。謹録於此，以助鞭策。

子夏曰君子有三變　章

子夏曰：“君子有三變：望之儼然，即之也温，聽其言也厲。”

人見有三，君子則一。

---

①　陸九淵《象山集》語録卷三十五作：“學者不長進，祇是好己勝，出一言，做一事，便道全是，豈有此理？古人惟貴知過則改，見善則遷。今各自執己是，被人點破，便愕然，所以不如古人。”

②　“無時而非仁義矣”，真德秀《讀書記》卷三作“無適而非仁義矣”。

子夏曰君子信而後勞其民　章

子夏曰："君子信而後勞其民，未信則以爲厲己也；信而後諫，未信則以爲謗己也。"

勞、諫非愛民忠君者所樂出。勞所以成其愛，諫所以成其忠。然或以爲厲己謗己者，信未孚也。君子安可不審慎於此？此蓋就夫子愛勞忠誨語申言之。且夫古之成事者，成於易成者也。

信而後勞，以勞爲惠；信而後諫，以諫爲忠。得則兩得，失則兩失，一樣情懷，兩般報應，争時不時耳。不是君子世故太深，但必不欲作無益，以病彼我。夫信未信，半在己，半在人。

岳蒙泉[一]有不世之才，其失也輕。代草罪己詔，略無忌諱，實快人心，毋亦忘卜氏未信之戒與？君恩不終，卒以罪癈，惜哉！古人云："安有悃悃忠益而獲罪者乎！"如此者，吾見亦罕。大抵以諫獲罪者有二：一曰激，一曰近名。激，以氣招氣也。平無名，參以名心，則必不能安於平。我不平，而人情亦從而不平矣。子夏之言在諫前，愚所謂在諫之時。諫前固當審信未信，諫時又當去其激與近名。東楊[二]云："事君有體，進諫有方。"可以法矣。

【注】

[一] 岳蒙泉：岳正，字季方，號蒙泉，明順天府漷縣（今北京通州）人。英宗時入内閣。爲人豪放敢言，有人規勸他"信而後諫"，他回道："上顧我厚，懼無以報。"英宗天順元年（1457），承天門被火燒毁，岳正受命草罪己詔。由於詔書言辭過於坦率，物議紛紜，終遭罷職。

[二] 東楊：楊榮，字勉仁，明建安（今福建建甌）人。成祖時内閣首輔，後與楊士奇、楊溥并稱"三楊"，因居所偏東，時人稱爲"東楊"。善於察言觀色，爲人老成持重。

子夏曰大德不逾閑　章

子夏曰："大德不逾閑，小德出入可也。"

此章蓋爲觀人、用人者發。子夏受教於夫子者深，晚而爲此言，是其進詣也。

洒掃應對　章

子游曰："子夏之門人小子，當洒掃、應對、進退，則可矣。抑末也，本之則無，如之何?"子夏聞之曰："噫! 言游過矣! 君子之道，孰先傳焉? 孰後倦焉? 譬諸草木，區以別矣。君子之道，焉可誣也? 有始有卒者，其惟聖人乎!"

孫子曰："西河之疑夫子近百年，友教且遍四國。曾子少而得其傳，子夏老而大其傳。'誣'字最爲道學大病，自謂能接上上根，不知梁肉養病，金屑瞇目，未有不貽患者。"①

子夏曰仕　章

子夏曰："仕而優則學，學而優則仕。"

---

①　見孫奇逢《晚年批定四書近指》卷十二。平泉有删節。孫著作："西河之疑夫子近百年，友教且遍四國。曾子少而得其傳，子夏老而大其傳。如論交，以子夏爲正的，子張則交友而疑於師矣。論教，亦以子夏爲正的，子游則弟子而疑於聖矣。'誣'一字最爲道學大病，自謂能接上上根，不知梁肉養病，金屑着言，未有不貽大患而翳後進者矣。"

有餘力爲優，優則兩得，不優則兩失。范石湖[一]曰："終身之間，有時而仕，無時不學也。"今人誤在學以求仕，不知仕以行學；又誤在學自學，仕自仕。三代下事功遜古人，率由此。愚謂此章所謂"學"，微與夫子異，蓋就當時之所爲學者而言也。子夏長於文學，故其言如此。

【注】

[一] 范石湖：范成大，字至能，一作致能，號石湖居士，南宋平江吴（今江蘇蘇州）人。高宗二十四年（1154）進士，官至參知政事，善詩，著有《石湖集》《攬轡録》《吴船録》《吴郡志》等。引文見范氏《上李徽州》。

喪致乎哀　章

子游曰："喪致乎哀而止。"

子游專以禮許人，忽爲此語，蓋亦"與易寧戚"之意。且能致乎哀者，未有不求盡乎禮者也。

吾友張也　章

子游曰："吾友張也，爲難能也，然而未仁。"
鹿氏曰："仁是一點真血，誠難能便與相違。"①

---

① 見鹿善繼《四書説約》卷十九。鹿著"相違"作"相反"。

曾子曰堂堂乎張也　章

曾子曰："堂堂乎張也,難與并爲仁矣。"

鹿氏曰："觀此可見仁真根柢,爲仁真路道。"①

曾子曰吾聞諸夫子　章

曾子曰："吾聞諸夫子:人未有自致者也,必也親喪乎!"

此良心發動最真切之處之時。

曾子曰吾聞諸夫子孟莊子之孝也　章

曾子曰："吾聞諸夫子:孟莊子之孝也,其他可能也;其不改父之臣與父之政,是難能也。"

此謂恒孝故難。

孟氏使陽膚爲士師　章

孟氏使陽膚爲士師,問於曾子。曾子曰："上失其道,民散久矣。如得其情,則哀矜而勿喜!"

---

①　見鹿善繼《四書説約》卷十九。鹿著作:"觀此可見'仁'字的真根脚,爲仁的真路數。"

窠居知風，穴居知雨，蔓生者必有鬚，遇物如握掌然。蓋天地之大德曰“生”，雖禽獸草木，無不思有以安全之，而況於人乎？人爲五行之秀氣，萬物之精靈，五常百行，其所自具，又有室家骨肉之歡、酒醴笙簧之樂，誰肯犯法哉！民之犯法也，由於上失其道，而無以維繫之也。教化不足以迪其性，溊蕩無有固志，伏仰又不足以適其樂生之心，而遂至於不畏死，雖嚴刑峻法，猶不能禁。觀其所爲，仁人不能無恨，而譸張爲幻，其情隱伏，最爲難得。得情而喜，亦勢固然。然而爲上者，祇知得情爲可喜，而不知所以得其情者之甚可憫也。士師，司刑獄之官，雖不能興化致治，使獄訟衰息，猶可於獄訟之間，略有以異乎俗吏之用心，亦庶幾良有司慈祥之意云爾。曾子之言，字字隱痛，如切肌膚，幾欲爲百姓哭矣，而分寸一絲不走，是爲仁人之言，其所養於此亦可見矣。隋裴政[一]請除一切訊囚苛法，惠在百世，亦曾子告陽膚[二]之意。嗚呼仁哉！嗚呼仁哉！誰其祠之？

【注】

[一] 裴政：字德表，南北朝至隋時河東聞喜（今屬山西運城）人。歷仕梁、北周，隋。北周時任刑部下大夫，修訂《周律》，用法寬大平和，取消審訊囚犯時的酷刑，處理的案件中絕少冤濫。

[二] 陽膚：春秋時魯國人，曾參弟子，受孟孫氏宗主孟敬子之聘任典獄官士師。

子貢曰紂之不善不如是之甚也　章

子貢曰：“紂之不善，不如是之甚也。是以君子惡居下流，天下之惡皆歸焉。”

非寬紂也，用見下流之必不可居耳。

子貢曰君子之過也　章

子貢曰："君子之過也，如日月之食焉：過也，人皆見之；更也，人皆抑之。"

鹿氏曰："人爲何被過支使，不成模樣。看君子因敗爲功，會做君子。"①

衛公孫朝問於子貢曰仲尼焉學　章

衛公孫朝問於子貢曰："仲尼焉學?"子貢曰："文武之道，未墜於地，在人。賢者識其大者，不賢者識其小者，莫不有文武之道焉。夫子焉不學? 而亦何常師之有?"

孫子曰："文武以上君天下，夫子師天下。師之統開於夫子，夫子以上無師，夫子以下則有常師。未墜處正是危急，故急須夫子直接文、武心源。末二句是子貢默會其微處。鑪中無雪，冶裏無金，空明之際，寥廓之中，連文、武百王無着脚處。'莫不有'三字，是聖人見得如此。"②按：原是如此，聖人見得如此。

----

①　見鹿善繼《四書説約》卷十九。鹿著作："人爲甚麼被過支使的不成模樣? 請觀君子因敗爲功，會做好漢。"

②　見孫奇逢《晚年批定四書近指》卷十二。孫著"師之統開於夫子"作"師之統闢於夫子"，"故急須夫子直接文武心源"作"故亟須一個夫子直接文武心源"，"鑪中無雪"作"爐中無雪"。

叔孫武叔語大夫於朝曰子貢賢於仲尼　章

　　叔孫武叔語大夫於朝，曰："子貢賢於仲尼。"子服景伯以告子貢。子貢曰："譬之宫墻，賜之墻也及肩，窺見室家之好。夫子之墻數仞，不得其門而入，不見宗廟之美，百官之富。得其門者或寡矣。夫子之云，不亦宜乎！"

　　知人自古爲難，有一鄉之士，有一國之士，有天下之士，有千古之士。知有廣狹，而人亦因之。士自有真，未易索解於悠悠者耳。孔子在春秋，及門數子而外，知者何人？然數子知孔子，未必盡知孔子也。故嘗發"知我其天"之嘆，彼武叔又安足云？

叔孫武叔毀仲尼子貢曰無以爲也　章

　　叔孫武叔毀仲尼。子貢曰："無以爲也，仲尼不可毀也。他人之賢者，丘陵也，猶可逾也；仲尼，日月也，無得而逾焉。人雖欲自絶，其何傷於日月乎？多見其不知量也。"

　　人雖喜誇，不至與仲尼比；聖人雖善毀，何至向仲尼求疵？毀日月者，何傷日月？但自不知量耳。子貢之言，氣冷神寒，一味奚落，蓋亦齦齦，不足多與語。

陳自禽謂子貢曰子爲恭也　章

　　陳子禽謂子貢曰："子爲恭也，仲尼豈賢於子乎？"子貢曰："君子一言以爲知，一言以爲不知，言不可不慎也。夫子之不可及也,猶天之不可階而升也。夫子之得邦家者,所謂立之斯立,道之斯行,綏之斯來,動之斯和。其生也榮,其死也哀。如之何其可及也?"

夫子始終未得邦家,大道不行,而天下不得蒙至治之澤,雖攝相三月,亦等諸牛刀小試。幸有子貢之言,立道綏動之化,萬古爲昭,人人可以想見,雖謂其道已行可也。

論語義疏卷二十

堯曰　章

堯曰:"諮! 爾舜! 天之曆數在爾躬,允執其中。四海困窮,天禄永終。"舜亦以命禹。曰:"予小子履,敢用玄牡,敢昭告於皇皇后帝:有罪不敢赦。帝臣不蔽,簡在帝心。朕躬有罪,無以萬方;萬方有罪,罪在朕躬。"周有大賚,善人是富。"雖有周親,不如仁人。百姓有過,在予一人。"謹權量,審法度,修廢官,四方之政行焉。興滅國,繼絕世,舉逸民,天下之民歸心焉。所重:民、食、喪、祭。寬則得衆,信則民任焉,敏則有功,公則説。

堯、舜治天下,罔非日用實務,今其書可考而知也。即其相傳之中,推論危微精一,皆在事上見,絶非虚相撥弄。湯武亦然。

子張問於孔子曰　章

子張問於孔子曰:"何如斯可以從政矣?"子曰:"尊五美,屏四惡,斯可以從政矣。"子張曰:"何謂五美?"子曰:"君子惠而不費,勞而不怨,欲而不貪,泰而不驕,威而不猛。"子張曰:"何謂惠而不費?"子曰:"因民之所利而利之,斯不亦惠而不費乎? 擇可勞而勞之，又誰怨？欲仁而得仁，又焉貪？君子無衆寡，無小大，無敢慢，斯不亦泰而不驕乎？君子正其衣冠，尊其瞻視，儼然人望而畏之，斯不亦威而不猛乎？”子張曰：“何謂四惡？”子曰：“不教而殺謂之虐；不戒視成謂之暴；慢令致期謂之賊；猶之與人也，出納之吝，謂之有司。”

　　大凡有得必有失，而憑勢持權，莫先於通情。五美乃萬全之道，四惡實不情之尤。尊之屛之，政之大柄，而聖人之大用也。上章歷叙帝王治天下之道，不作一論斷語，遂繼以此。蓋治己治人無二道，故天子庶人無二學。道也者，天地之心，而斯人所賴以遂生復性者也。天不變，道亦不變，不在上則在下，未嘗一日息也。仲尼以儒者躬備帝王之全，不得大行於時，則思明之於後，於《論語》之末，三致意焉。

子曰不知命無以爲君子也　章

　　孔子曰：“不知命，無以爲君子也；不知禮，無以立也；不知言，無以知人也。”

　　命者，天之令也。知命，知天也；知言，知人也。禮則天理之節支，人事之宜則。知之，則身有以立，而立天、立地、立人之道亦不外此。知命以知天，知禮以立身，知言以知人，内聖而外王，貫三才而一之，時習之學成矣，而《論語》於是焉終。

跋

　　右《論語》二十卷終。謝上蔡[一]嘗約人與講《論語》，及至終日，未言及。其人以爲請，答曰："僕已講了也。"不以辭説講《論語》，而以身講，是知《論語》者。趙中令[二]亦頗知《論語》，其言曰："以半部《論語》佐太祖定天下，以半部《論語》佐太宗致太平。"知《論語》，故能用《論語》。惜乎能用《論語》，不能盡用《論語》也。若能盡用《論語》，宋爲三代矣。

　　所疏皆領略大意，其相傳共知者，故亦無須多及。《論語》爲開闢以來第一書，所以爲萬世開太平，學者無不讀此書。少知學者各自爲説，芳不敏，竊幸與聞聖人之教，略疏其義，以是爲我之讀《論語》云爾。丁丑八月既望，時芳識。

【注】

　　[一]謝上蔡：即謝良佐，字顯道，北宋上蔡人。元豐八年（1078）進士，曾官澠池、應城知縣。他認爲宋徽宗的年號"建中"與唐德宗的年號相同，不祥，恐怕也會流離播遷，結果觸怒徽宗，被廢爲平民。理學方面師從二程，主張"格物窮理"，晚年信佛，爲理學引入禪學成分。著有《論語説》等。

　　[二]趙中令：即趙普，字則平，北宋幽州薊（今河北薊縣）人，後徙洛陽。北宋初年宰相，文化不高，但稱可以半部《論語》治天下。